小・中学校で取り組む

はじめての

CLIL授業づくり

柏木賀津子・伊藤由紀子 著

大修館書店

はじめに

　本書は、筆者らが実践してきた CLIL 授業の紹介を通じて、日本の先生方に発想を拡げていただき、日本の教育の良さを生かした CLIL 授業を展開していただくことを夢見て執筆しました。

　2020 年は、予期せぬ新型コロナウイルス感染拡大の影響で、世界で 13 億人の学齢期の生徒が学校に通えない期間がありました。その後、分散登校が始まり、「学びを止めない」ことを目指して動き出しました。日本の学校においては、オンライン教材、プリント教材の準備を行い、学力の遅れが出ないようにと懸命な取り組みがなされました。本書では、この状況の中でも、単に「暗記」に拠らない、生徒が身近な問題を自力で解決できるような「学び方を学ぶ」授業として、CLIL 授業のレッスンプランをお伝えします（オンライン資料：https://www.kashiwagi-lab.com/clil-movie-clip/）。CLIL では、他教科の面白さ、ビジュアルな映像や図版、足場かけ（Scaffolding）の活動をふんだんに取り入れるため、オンライン上でも生徒たちの学びのスイッチが入りやすいと感じています。

　CLIL の授業の魅力は、理科や社会のほか、図工や音楽、ものづくりなど様々な分野の力を結合できることです。生徒たちには得意・不得意分野がありますが、足りない点を補い合い、深い学びを得ることが可能です。CLIL の授業はアクティブラーニングです。人が 1 人でできることは限られていますが、協同は相乗効果（Synergy）や創造性（Creativity）を生みます。そうして得られる 21 世紀型スキルは、生徒たちが将来必要になるものです。

　本書の原点となっているのは、大阪教育大学（柏木）における「CLIL を活用したフィンランド海外教育実習」を通した、日本・海外での 9 年間の CLIL 授業研究です。また、大阪成蹊大学（伊藤）では、日本文化を英語で紹介する CLIL 等に取り組み、グローバル社会における日本に誇りを持てるようなプログラムを展開しています。これらを通して、21 世紀型の学力をつけて巣立っていった教え子たちが「海外留学します。」「就職が決まりました。」「教師になってCLIL で授業創りをしています。」と報告に来てくれる時、筆者らは、本当に教師をしていて良かったと思います。今後も、教え子たちの未来の夢をかなえるサポートを続けていきたいです。

　生徒たちが平和な社会を持続するために、CLIL の授業法への転換を本書にまとめるにあたり、背中を押してくれたのは同僚や現場の教員であり、大修館書店の小林奈苗氏でありました。ここに深く感謝いたします。

2020 年 6 月

柏木賀津子・伊藤由紀子

目 次 | Contents

本書の構成・特長と使い方

　本書では、CLIL（内容言語統合型学習）授業にチャレンジしてみたいというみなさんのために、CLIL の基本からレッスン例、大学での模擬授業例など、あらゆる方面からはじめての CLIL 授業づくりをサポートしています。本書は、CLIL についての基本的な考え方や、授業の進め方をまとめた理論部分と、小中学校での授業例を紹介した実践部分から成り立っています。実践はすべて実際に小・中学校で実践したものを取り上げています。実践部分は、次のようにいくつかのパートに分けて構成しています。

レッスンの概要　対象学年や、扱う事項等このレッスンの内容を示しています。CLIL がどのような指導法かわからないとお悩みのみなさんに、わかりやすく説明しています。

レッスンで使用する単語やフレーズ　レッスンのターゲットとなる文や語彙、参考にできるフレーズを示しています。このまま使うこともできますし、アレンジして生徒と楽しく会話しながら進めることも可能です。

4つの C とねらい　レッスンの具体的な内容とねらいを CLIL の 4 C に当てはめています。この 4 C を頭に入れて活動を進めましょう。

思考と文構造の掛け算　CLIL では思考させる場面において、文構造のしくみへの気づきを促しながらインプットすることが大切です。ここではこのレッスンにおける「思考と文構造」の関係を示しています。意図的に Teacher Talk を行うことを心がけましょう。

準備するもの　レッスンで使用する準備物を説明しています。また、作成にかかるおおよその目安時間も示しています。

授業の進め方　レッスンの具体的な流れを時系列で説明しています。使用する英語フレーズも随所に示しています。

マークの説明　CLIL 授業で重要な活動をマークで表しました。授業の中で主な活動にマークを示しています。

　　・学び合い　　　　・創る活動　　　　・考える活動　　　　・書く活動

指導案の例　レッスンの指導案を紹介しています。
　なお、本書で使用している iPad® は Apple inc.、PowerPoint® と Skype® は Microsoft Corporation の登録商標です。

【授業ビデオとデータアクセスについて】

　本書で紹介した授業の教材について、主に小学校や海外での実践の一部については、下記のURL と QR コードからアクセスしてご覧いただくことが可能です。実際の授業の編集ビデオを見ていただけますが、教育目的以外に使用をされないようお願いいたします。

https://www.kashiwagi-lab.com/clil-movie-clip/

第1部

理論編
CLIL を支える考え方と応用

イラスト：伊藤由紀子

Chapter 1

CLILの基本

① 小中連携の英語教育と CLIL（クリル）

　小学校では、中学年で外国語活動が、高学年では外国語科が始まりました。特に外国語科では、「読み書き」や高学年らしい「思考場面」を取り入れることが重要になります。中学校では、新学習指導要領に基づいて、5 領域（聞く・読む・話す［やり取り・発表］・書く）を統合的に育てることが注目され、21 世紀を生きる未来の子どもたちに培いたい力として「主体的・対話的で深い学び」がキーワードとなっています。

　小学校の生徒は（本書では小学校と中学校の児童生徒を生徒と総称する）、外国語活動で英語に触れたばかりで、難しい語彙や表現を使った指導は向いていません。しかし、小学校の多くの教師は、習っている英語は初歩でも、どうにかして生徒が心からおもしろいと感じ、知的にも興味が持てる内容を教材化できないかと思っておられると感じます。

　また、小学校から中学校への連携では、生徒がまとまりのある表現を聞いてわかるようになり、「読み書き」に繋ぐ大切な時期に、教師も場所も変わります。そのため、生徒がシームレスな指導連携で学ぶようにすることは、簡単ではありません。中学校の英語教師は、生徒が今までと違った学び方をとおして語彙や表現に慣れ親しんでいることを感じ取っていますが、それをどのように生かすかということはまだ模索されているようです。小学校から中学校への英語教育の橋渡しには次のような 5 つの柱が大切であり、これらを CLIL の指導と結んでいきたいと考えています。

◆❶ 学習習慣の形成

　教師の英語を真似たり、内容を動作で表したり、ペアやグループで学び合う習慣ができている（Forming of Learning Habits）。

◆❷ 音声から意味を切り取る力

　教師の英語のトーク（Teacher Talk）を聞いて大まかに意味がわかり（Form-meaning Connections）、目立ちやすい表現のパターンに気づいたり、一部を言い替えて話したりする経験ができている（Pattern Recognition）。

◆❸ 積極的な参加態度

　意味のあるゲームや場面のあるタスク「足場かけ（スキャフォルディング）言語活動」に，友だちと協力し互いの参加を認め合って，同じぐらいに積極的に参加する態度ができている（Equal Participation）。

❹ 音と綴りの関係

音のかたまりに耳を傾け、音と綴りの関係に気づいて、自立して読もうとするレディネスができている（Phonological Awareness &Reading Readiness）。

❺ 教師と生徒のやり取り、生徒同士のやり取り

アクティブ・ラーニングの学び方を楽しみ、そこでの思考プロセスを、他の場面に転移することができる（How of Learning & Transformability）。

このように小中連携の英語教育を考える時、本書で紹介する CLIL のような指導法が非常に有効に働くことを、具体例を示して解説していきます。

② CLIL の魅力

「CLIL : Content and Language Integrated Learning」（内容言語統合型学習）には、「体育や美術をイマージョン教育のように英語で行うもの？」「英語がうまくないとできないのでは？」という印象がありますが、指導法や教材の点で従来の CBI : Content-Based Instruction（内容中心の指導法）やイマージョン教育とは少し違いがあります。そこでまず、1）CLIL の定義、2）CLIL のコツ、3）CLIL の実践例、 4）CLIL の可能性、の順で CLIL の魅力を紹介します。

1 CLIL とは?

内容 ＋ ことば ＝ ことばによる内容の理解＋α （笹島、2011）

CLIL とは、教科科目などの内容とことば（目標言語）を統合した学習を意味します。笹島（2011）によると、「アジアの子どもが英語で算数や理科を学ぶ、ノルウェイの中学生がドイツ語で紙芝居をする、日本の大学生がイタリア語で料理を学ぶ等は、このアプローチである。CLIL アプローチは、言語学習では欠けてしまいがちになる学習者自身の意欲を引き出す可能性がある。学習者自身の発見と高い認知操作を促すとされ、ヨーロッパ等で広く実践されている。」とされています。

筆者は、今までに、スペイン、フィンランド、オーストリア、台湾で CLIL の授業を見る機会がありました。そこでは、生徒はすぐに外国語（例：英語）を使いこなせないので、英語に耳を傾けながら必要に応じて使っていました。母語を使うことを最初は禁じるわけではありません。

しかし、生徒がほぼ「内容に集中している」という状態が作りだされていました。

内容は、教材の"reality（本当らしさ）"や教材の「創り出し」があることが重要なポイントです。教えている教師は、英語専門ではなく、担任や他の教科の教師であることも多くあります。自分の専門性を発揮し、豊富なアイデアで授業を創っているようです。

また、CLIL 授業だけで子どもの英語が伸びるのではなく、カリキュラムの中で、「英語学習」と「CLIL」は 2 本立てで行われていることが多くありました。英語表現の基礎の勉強を行いながら、週に 1 〜 2 時間や、集中プロジェクトによって「CLIL」で実際に言葉を使い思考する場面を創出しているようです。CLIL は内容が 50％、言語が 50％であると言えるでしょう（Coyle、Hood、Marsh、2010）。

2　CLIL のコツ

CLIL の授業では、4 つの C：Content, Communication, Cognition, Culture（Community）の要素を含みます（下図）。

CLIL の 4 C　　　　　　　　　　　CLIL の授業作り 5 つのポイント

言語の学びと思考は、「内容」と切り離せないので、内容を深めるために上図の 5 つのポイント：1）オーセンティックな（本物の）素材、2）図版やグラフ・映像、3）思考を深め話し合う場面、4）地球市民としての視野、5）ペアやグループなどの共同学習、を取り入れることが大切です。全体の授業構成を教師が考え、生徒が学習を深められるよう段階的に介入して手助けをしたり、ポートフォリオで生徒の学びを見取って修正を加えたりしていきます。

教師の介入とは、教師が英語を使って生徒の思考を促すために質問をしたり、やり取りをしたりすることも含まれます。思考場面での生徒の様子は、「英語」を学んでいるというよりも、内容に集中しているので母語でつぶやくこともあります。しかし、つぶやきの内容を聞いていると、生徒が一生懸命考えているということが伝わってきます。教師はこのつぶやきを母語であれ英語（外国語）であれ、しっかり受け止めて生徒に関わっていくことが大切になります。

3 CLIL の実践例

　日本の高学年の生徒も、週2回程度になった小学校外国語科では、以前に比べて「英語を頑張って勉強しなくては。」と感じているようです。歌やゲームだけではないCLILの授業では、高学年の生徒も「英語を勉強しながら、理科や社会のことも学べる。」と目を輝かせて取り組む姿が多く見られます。また、英会話の練習ではあまり活躍できない生徒が、背景知識のある教科内容が出てくることで、非常に積極的に授業に関わろうとする点も特徴的です。

　CLIL授業の指導案作成のコツは、他教科で既に扱っている題材と、生徒がまるごと表現で使えそうな英語を合わせ、思考と協同が必要になる場面を創ることです。キーワードはチャンツや絵カードで親しませると良いでしょう。生徒は、具体的な場面で何度も繰り返し単語や表現を聞くので意味がわかりやすく、表現に慣れ親しんでいきます。何度も聞く表現の一部をうまく入れ替えて使っていることもあります。この現象は文構造に何となく気づく大切な学びのステップです。導入で生徒に聞かせる英語（Teacher Talk）や、生徒とやり取りしながら、思考を引き出す時には英語でどのように声かけをしていくか（ファシリテーション）、ALT（外国語指導助手）とも協力して、使う表現を書き残していくと良いでしょう。これは、教師の英語力を伸ばすことにも繋がります。

　日本でのCLIL実践例として、表1に、教員志望の学生が教育実習に向けて実践した「地図記号で町のマップ作り」を示します。この授業は、45分授業2回で取り組める内容です。地図帳を開くことが好きな生徒は、この授業では「うきうきした心が止まらない」と感想を述べていました。

表1 「地図記号で町のマップ作り」（社会）

（内容と使う表現）	（進め方）	（準備物）
「地図記号で町めぐり」 "Take me to the post office." "Go straight and turn left. Here." "Let me show you map symbols in other countries." （クイズ例） T What's this? S 神社？ T No, it isn't. It's good for ～. （マップ紹介例） S This is a map. 　 We are here. 　 Go straight, turn left. What's this? 　 It's a bookshop. 　 This is a new map symbol. 　 I like reading books.	❶ 社会で習った地図記号を思い出させ、町のシンボルと位置に地図記号を配置させる。ペアで英語で道案内する。 ❷ 外国の地図記号の紹介を英語で聞き、日本の地図記号との違いに気づく。ある外国の町のマップを配り、町の形状を想像して、話し合う（グループ活動）。 ❸ 想像した町と、実際の町の写真を比べて、地図と実際の地形の関係に気づく。 ❹ 日本や外国の地図記号から、オリジナル地図記号を創って、自分の町のマップを英語で紹介する（例：ベンチ記号　動物園記号　コンビニ記号）。 	町や校区の地図 地図帳 地図記号カード 外国の地図記号紹介とクイズ Google Earth等から外国の町の映像 外国の観光ブックから町のマップ

4 CLIL の拡がりと可能性

　筆者らの大学では、小学校や中学校の教師をめざす学生や現職の院生が、CLIL の授業作りを行い、「海外教育実習プロジェクト」で海外の生徒たちに授業することに取り組んでいます。下の写真は、フィンランドの小学校 6 年生で実践した「Paper Plane：飛行機の揚力を考える」です。英語が得意な学生と、物理やモノづくりが得意な大学院生が、日本らしい折り紙文化と、科学のおもしろさを海外に伝えようとして、この授業が生まれました。このプロジェクトをとおして、学生は、フィンランドの担任と共に省察を行い貴重な助言をもらい、授業の芯となる「思考力」や「探究力」を育てる授業の大切さが世界共通であることを学びました。学生らは省察で次のようなことに気づいていました。

　「反応にあわせた臨機応変な対応の難しさ」／「教師のひとことが子どもに考えさせ意欲を引き出していること」／「英語で授業をするからつかめた授業の軸」／「海外から見つめ直した日本の教育」／「自らの使える英語力の進歩」

　筆者らは、全ての校種に CLIL を積極的に取り入れることで、「日本ならではの授業」を世界に発信することができ、教師をめざす学生らの視野を拡げることができると確信しています。

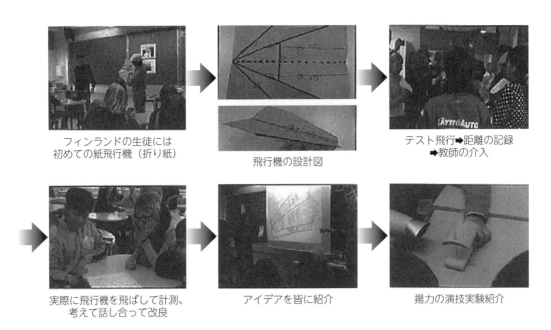

フィンランドの生徒には
初めての紙飛行機（折り紙）

飛行機の設計図

テスト飛行➡距離の記録
➡教師の介入

実際に飛行機を飛ばして計測、
考えて話し合って改良

アイデアを皆に紹介

揚力の演技実験紹介

フィンランド海外教育実習　CLIL 理科（飛行機の揚力）Paper Plane
（大阪教育大学天王寺キャンパス写真提供）

5　CLIL 授業を進める際のポイント

- 導入は、背景知識の活性化・生徒の興味からスタートする。
- 生徒のつぶやきは、日本語でよいが、教師のトークを真似して英語を発するような環境づくりが大切である。知っている単語は、英語で言えるように励ます。
- 小学校での音韻認識指導は、小5の段階では、フォニックスジングル（音読み）に慣れてきており、先頭音に気づかせるように単語を取り上げるようにすると、読み方を推測しやすい（例：b, b, beetle/s, s, spider）。音節で手をたたきながらの音韻認識活動では、生徒に英語らしいイントネーションに気づかせることができる。
- 小学校での文字指導は、音声からのひとまとまりの表現に慣れてきたので、その表現をばらばらにせず、文の一部を書き写す程度にする。また、"a" "the" などの冠詞の説明はしない。生徒に書かせるのは内容に関する単語（Content Word）にとどめる。生徒の書くスピードは、かなり異なるため、書くことでコミュニケーション活動をストップさせない工夫が大切である。
- ストーリーを聞かせるときは、まず音声のみで行い、最後に文字情報を見せるとよい。良い絵本や Teacher Talk は、音声だけのほうが意味を類推しやすいことが多く、実際のコミュニケーション場面でも文字情報がない場面は多い。自立してインプットから類推する力を伸ばしていくようにしたい。
- お話を再構成するタスク（リテリング）のねらいは、音声情報と視覚情報を合わせ、昆虫の一生（Lesson参照）という意味のある内容を大まかに聞くことにある。話の順にストーリーを思い出し、主な情報だけを取り出すことに重点を置く。この活動は友だちと助け合いながらする。
- お話を再構成するタスクは、内容にあった英語表現のパターン認識を促す活動で（Pattern Recognition）、意味と形式を取り込む活動（Focus on Form）としても、学習効果が高く、中学校では音声ディクトグロス（文章再構成法）指導に繋ぐことができる言語活動である。

　本章では、まず授業づくりをするための CLIL の基本をまとめました。さらに詳しい理論や構成要素については、Chapter 2「CLIL の深い学び」で述べます。また、本書では、筆者らが行ってきた「海外教育実習プロジェクト」および、「日本の小中学校での実践」をとおして、創り出した指導案、教材、活動の写真をもちいて、授業の様子が伝わるようにしています。

CLILの深い学び

① CLILでめざすもの

　CLILは、高い言語運用力と自信、より強い動機付け、様々な方法による言葉の使用、複雑な情報に対応する力を育てる教育のアプローチです。

　CLILでは、英語を母語としない学習者が、母語でないもう1つの言葉（ここでは英語としますが、他の外国語も対象）で教科内容を学びます（Bentley、2010）。英語以外の言葉を話す者同士が協働して、地球に起こる様々な諸問題を共に解決する力を培うための指導法です。

　「協同し思考する授業」「発展的内容の創造」「授業の考察」において、CLILは、指導法を変革するための媒介（Catalyst）としての役割を持ちます。

② CLILの実践的アプローチ

1 小学校外国語科でのCLILの導入（音声から）

　外国語の学習を始めたばかりの時期は、楽しい時間でありたいものです。楽しさとは、毎日の生活や学校で使えそうで、聞いていて興味がわく内容で、友だちと助け合って「できた」という達成感があることです。生徒も、英語を「使う人」であり、英語を「生み出す人」です。初めてふれる英語授業においても、CLILはこれを可能にします。日本でもCLILに取り組む実践者が増えてきました。授業実践と調査をとおして、主に次のような点がCLILの「良さ」として挙げています（Yamano、2013；二五、2016；中田、2016；Ito、2018）。

◆ 実践者が挙げるCLILの良さ

- 内容に引き込まれるため、「英語を間違ったらどうしよう」という不安が少ない。
- 知的好奇心がわくため、授業を楽しいと感じる生徒が多い。
- 教え合う必要があり、他人からの刺激を受けるので、意欲がわく。
- 生徒がオーセンティックな活動をとおして英語を学ぶ必要性ややりがいを見つける。
- パワーポイント、図、チャート等を使うため、生徒がわかりやすいと感じる。
- 内容を扱う際にTeacher Talkを意識するため、インプット量が多くなる。
- 英語を日本語に置き換えず、言葉のかたまりでわかろうとする学習習慣が付く。
- CLILで思考する場面で、ひとまとまりの表現が記憶に残り、それらはチャンク表現（文

のかたまり）であるため、模倣的な発話につながりやすい。

・教科特有の言語（Subject-specific Language）を繰り返し使うので、構文への慣れ親しみが増える。特に理科の実験や図工の工作プロセスでは、日常会話の授業では使わないが実用的な表現（動詞や前置詞のかたまり）を理解するようになる。

・英語を使った CLIL の学習が、これからの自分に役に立つという実感を持つ。自分と結びつけた異文化理解や、国際社会とのつながりの深さを実感する。

2 中学校外国語科での CLIL の導入（4 技能を統合して）

　中学生も英語学習の初心者であることに変わりはなく、英語を好きになってもらうためには、楽しくわかりやすい授業は欠かせません。新学習指導要領（文部科学省、2017）では、授業は英語で行うことが基本とされ、他の教科などで学習したことを活用したり関連付けたりするなどの工夫をすることが求められています。授業がカリキュラムから大きく外れてしまわないように、4 技能および文法事項の習得を軸に、教科書で扱われている題材をうまく使って他教科の要素を取り入れていくと良いでしょう。例えば次のような工夫が考えられます。

❶ 生徒が関心のあるテーマを探り、実際に使われる文法事項と関連させる。

❷ 教科の学習をしながら、英語で聞いているか、日本語で聞いているかは意識せずに内容に集中させる。

❸ 中学生の知的好奇心を刺激するような内容を英語でインプットすることで、文法事項を含むチャンク表現（文のかたまり）が自然と身につく。

❹ 料理の題材であれば家庭科と、時差を扱った題材であれば社会科と連携する。

　笹島（2011）は、生徒は学ぶ内容に興味があるのであり、生徒にとって、言葉は目的のための手段であると指摘しています。中学校での CLIL のカギは「教師の得意なことを活かす」ことと「教師が楽しんで授業する」ことと言えます。新学習指導要領では、ヨーロッパ共通言語参照枠・CEFR を参考に、資質と能力を相互に関連させ、「実際のコミュニケーション」において言語を活用できることをめざしています。英語を学ぶ大きな目的として、自国の文化を諸外国の人々に伝えるとともに、外国の人々の生活や風俗習慣の相違に関心を持ち、理解を深めようとする態度を育てることが大切です。CLIL は英語の習得だけでなく、異文化理解や臨機応変に対応できる汎用力を身につけることも目標の 1 つとしています（池田、2018）。

3 CLIL 授業の言語習得面の効果

　筆者らが実施した CLIL の授業における言語習得面の効果についてデータをもちいて紹介します。第4章でも紹介する『サラダでげんき』（角野栄子・長新太、福音館書店）という絵本を使った実践では、日本語のストーリーについて英語での再話を行いました（Kashiwagi・Lee & Ito、2018）。生徒は中学校2年生の134名で、ここでの目標構文は、「受身形：X is cooked by Y」です。その後、スーパーのチラシを使ってグループで献立を考え、発表する活動を行いました。CLIL グループと非 CLIL グループで比較して行った実践の研究データの収集は次のような方法で行いました。

　CLIL グループ ストーリーを英語で聞かせ、ディクトグロス（文章再構成法）をもちいてグループでストーリーを繰り返し聞いたり発話したりします。主人公は病気のお母さんのためにサラダを作りますが、様々な動物たちがやってきて具材を勧めてくれるという話です。その後、パワーポイントのスライドをもちいてストーリーについて受動態でやり取りをしていきました。授業の後半では、受動態の文構造を図をもちいて10分程度指導しました。次にスーパーのチラシを使って自分のメニューを考えて紹介しました。

　非 CLIL グループ 受身形の「be ＋過去分詞」という基本の文法を最初に確認し、過去分詞を覚え、教科書本文の音読、日本語訳や問題集のドリルを行いました。その後、世界の国や使われている言語について学び、受身形を使って自分の行きたい国について発表しました（X is spoken in Y）。

　どちらのグループも、全4時間の活動の事前と事後に、受身形の文構造について、文法エラーを含む英文を聞き取るリスニングテストを行いました【音声の文法性判断テスト】。例えば、"English spoken in Canada."（be 動詞が欠落している）という文を音声で聞いて、正しい文だと判断したら○を付けるというものです。これは大人でもとっさに判断するのが難しいものですが、CLIL グループは、思考する場面で触れた表現はほぼ100％正解しました。一方、非CLIL グループは、文法説明を受けていても、文法エラーを聞き分けることに難しさがありました。この結果からわかった CLIL の言語習得面の効果を次に挙げます。

◆ CLILの言語習得面の効果

- 音声で触れた英文を「正しい」と判断できる力、「間違い」に違和感を持つ力が高い。
  （間違って入り込んだ単語や、必要なはずの単語が抜けている文など）
- CLIL の授業中に聞いた表現の定着度が非常に高い。

- 思考する場面で触れた表現の定着度が高い。
- リスニングが苦手な生徒の層がほぼなくなり、中間レベルの学習者の層のカーブが中上級レベルへと推移した。

　このように、リスニング力や文法への繊細さを持つようになった生徒が増えたクラスでは、さらにペアワークやグループワークが楽しいものになることが想像していただけるでしょう。また、このリスニングテストから約半年後に、再度事後テストを行ったところ、非 CLIL 授業グループでは点数がかなり下がり、せっかく学んだ受身形を忘れてしまった生徒が多かったのですが、CLIL 授業グループでは点数が保たれ、学んだことが長く保持されていました（下図）。

　この授業では、事前と事後に受身形で物語を作る 7 分間の「即興作文」も実施しました。CLIL グループの生徒の作文は、動詞や受身形を積極的に使う傾向が見られ、語数も事前に比べて大きく伸びました。文を自分なりに入れ替えて書いたり、対話を取り入れたりするなど、元のストーリーからうまく言葉を借りていました。また、事前と事後で英文を書ける語数が著しく伸びました。一方、非 CLIL グループの生徒の作文では、動詞や受身形はある程度使えましたが、語数は事前に比べて伸びませんでした。内容の広がりが乏しく、生き生きとした会話表現も見られませんでした。言葉の豊かさや複雑さの指標となるギロー値による比較を下図に示します。また、生徒の作文例を次に掲載します（習得初期におけるエラーはイタリックで表示）。

リスニングテスト【音声の文法性判断テスト】結果のグラフ

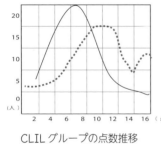

CLIL グループの点数推移
（事前 ——、事後 ---）

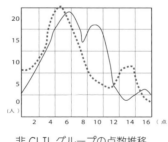

非 CLIL グループの点数推移
（事前 ——、事後 ---）

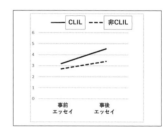

言葉の豊かさ・複雑さを表す値
（ギロー値）の事前・事後変化

CLIL グループの生徒の即興作文例

By my mother, today is my *brother* birthday. I *take* the plate, and bring his favorite orange juice. Then, he got home. We said "Happy birthday to you!" He said "Thank you. Let's eat that cake." We ate it. *It's* delicious. After eating, I gave him *present*. *It's* video game. He wanted to get it. So he was very happy. We had a very good time yesterday. （英文は原文のままで、いくつかのエラーは含む）

非 CLIL グループの生徒の即興作文例

... by my family. The birthday cake was cooked by my family, too. We sang a birthday song. And *eat* the cake and salad. Then I *was given a birthday present.* It was a very interesting video game. I was very happy. We had a great time! I can't wait the next my birthday.（英文は原文のままで、いくつかのエラーは含む）

　教師は、文法や語彙を問うペーパーテストの点数で、生徒が理解したと判断してしまいがちです。しかし、実際の言語運用を育てていくには、文法をパズルのようにあてはめるよりも、自分の言いたいことを、最適な語句を呼び起こして表現していくような活動が大切です。思考を働かせて学ぶと、時間が経っても学んだことを忘れにくいからです。CLIL の授業では、日常の生活の中で使用されている英語の表現を自然にインプットします。設定された場面での使用だけでなく、オーセンティックな英語の表現に触れることができるのが CLIL の魅力の 1 つです。

　この実践研究では、内容を導入する前に、文法や語彙を、真っ先に日本語を介して説明する「明示的＋演繹的」な文法指導の授業に比べ、内容のある場面で目標文構造のインプットに出会い、それを使って思考を深めるといった CLIL 授業の有効性が日本の中学生においても示されたと言えるでしょう。後者の場合は、「暗示的＋帰納的」な文法指導として、授業の後半に、やり取りで使った語彙チャンクや文構造のフレームを図などをもちいて手短に説明することが有効です。

　授業において、文法に気づかせてから文法指導をする帰納的な順番により、多くの生徒から、「先生、これなら英語がわかる」という感想が得られます。

4　海外の CLIL 先行研究

　25 年前から CLIL に取り組んできた EU における研究では、CLIL は、
「自律的学習力」／「批判的思考スキル」／「話し合いから結論を導く力」
「教科特有の言語」／「形態素構文の習得」／「ライティングの正確性」
などについて非常に有効であるという結果を示しています（Dalton-Puffer, 2007; Dalton-Puffer, Nikula & Smit, 2010）。日本での検証は始まったばかりですが、海外における小中学生と同じぐらいの年齢の EFL 環境における研究成果はある程度参考にしても良いでしょう。

5　CLIL を通じた教師のやりがい

　このように、海外の CLIL 実践では、やり取りの際の「意味」の重要性を追究してきました。日本の英語授業ではどうでしょうか。小学校外国語科では、食べものの好き嫌いやできるスポーツなどについて、決まった表現のやり取りを何度も練習して言えるようになるために、多くの時

間を費やしている授業は少なくありません。また中学校外国語科では、教科書本文を訳したり写したりし、ペアワークやグループ活動で音読、パターンプラクティス等を行い、練習問題の答え合わせをする、といった授業がまだ多いようです。そこでは、次のような「言語習得に必要な場面」の設定があまりなされていません。

◆ 言語習得に必要な場面

- 教師の意味のあるインプットに耳を傾け、意味を文脈から推測する。
- 何度も聞いた表現を自分の中に取り込み、一部を入れ替えて文を創り出す。
- 文構造に気づいてきた段階で、文法の説明を聞き、帰納的に文法を理解する。
- 間違いをおそれず、自分で表現を創り、ペアやグループで試して使う。
- ポスターやストーリー等、英語を使って自分のアイデアで何かを創り出す。
- うまく通じなかったときは、質問したり調べたりして、修正し試す。
- 教師の英語やフィードバックを聞いて、自分の間違いに気づく。

CLIL では文法の説明に長い時間をかけることはほぼありません。CLIL の授業では、英語のインプットを聞きながら生徒は自発的に試したり考えたりし、「英語の中でサバイバル」する機会が与えられます。CLIL をとおして生徒が自分で学ぼうとする姿を発見するプロセスで、教師は、生徒が A 地点から B 地点まで「伸びた」という証拠を見ると、やりがいを感じるでしょう。教師のやりがいとしては、以下のような検証結果が挙げられます(Kashiwagi &Tomecsek、2015)。

- 他教科の得意分野や、多重性知能(身体的、視覚的、音楽や図工的なもの等)や ICT を生かした教材開発ができる。教師自身が学ぼうとする動機を呼び起こす。
- 目の前の生徒のレディネス(学習への準備)や背景に合わせ、意欲を引き出す。
- 自己・他者評価、ポートフォリオから、生徒が予想以上に力を伸ばしたことを発見する。
- CLIL のポートフォリオやプレゼンを成果として、スカイプのようなインターネット電話サービスなどで、海外の学校とネットワークを結ぶという発展性がある。
- 世界の環境や平和のために、身近な切り口から教材開発をする。
- 教師自身がグローバル社会の一員として未来の地球市民を育てるという意識を持つ。

③ CLIL：4つの C とさらなる C

CLIL の授業を構成するのは、内容(Content)、言語(Communication)、思考(Cognition)、文化(Culture & Community)の 4 つの C が中心となります。内容によってさらなる C：文脈(Context)、協同(Cooperation)、創造性(Creativity)、選択(Choices)、外界と繋がること(Connections with outside world)が加わることがあります。以下に 4 つの C について説明します。

◆ 4つのC

- Content：言葉を使う必要が生じる内容や教科をもちいる。その内容は視覚教材やグラフ等の理解できる方法によって示す。生徒にとって毎日の生活や、前学年での背景知識があり、学習のタイミングが合っているものが良い。
- Communication：内容や教科のために言葉をツールとして使う。教師よりも生徒が話すチャンスが確保されている。生徒はペアやグループで話し合ったり、フィードバックをし合ったりするやり取りがある。
- Cognition：生徒の理由付けやクリエイティブな考えを引き出すプロセスを用意する。教師はどのような反応があるかプロアクティブに予想をしている。内容について考える場面では、生徒は必要となるチャンクや文構造に何度も触れ、チャンクを真似たり一部を言い替えたりしながら、自分の考えを表現する機会がある。
- Culture & Community：生徒が将来、母語以外の言葉(ここでは英語)を使って互いにやり取りをする必要のあるコミュニティで、様々な異なる文化や考えを比べたりつないだりしながら、複雑な問題を解決することを想定して活動を設定する。

上記の Culture & Community の例として、栄養士であれば、食と健康について外国の人々に和食を紹介するかもしれません。技術者であれば、地震で生き埋めになった被害者を国際協力のもと、グローバル・ネットワークを使って救い出すという仕事で協働するかもしれません。その時に必要な言葉は「毎日の挨拶や社交辞令」だけではなく、専門分野についてシンプルな英語をツールとして、問題の解決を考えることです。専門分野の Community では、その専門用語が使えれば事足りるので、必ずしもネイティブのような英語力が必要なわけではありません。CLIL の授業では、このような言葉を「教科特有の言語(Subject-specific Languages)」と呼びます。現在広く行われているコミュニカティブ・アプローチや、テキストどおりの伝統的な英語指導では、このような教科特有の言語にあまり触れることがありませんが、CLIL ではこのことが可能になります。

④ 思考スキル

　CLIL で育てようとする思考スキルには、大きく分けて高次の思考スキル（Higher Order Thinking Skills = HOTS）と低次の思考スキル（Lower Order Thinking Skills = LOTS）の２つがあります。

HOTS　「なぜ…か／なぜ…ではないのか」「どうすればより良くできるか」を育てるために発問をすることで高次の思考スキルを育てる。

➡ここで育つ能力は認知学力言語能力（Cognitive Academic Language Proficiency：CALP）です。抽象的でよく考えないと答えが出ないことについて、仮説を立て事実を解釈するなどの学習言語の力を指します。

LOTS　単なる記憶・並び替え・定義づけ・理解チェック等の発問は低次の思考スキルを育てているに過ぎない。

➡ここで育つ能力は基礎的対人伝達スキル（Basic Interpersonal Communicative Skill: BICS）です。会話ではパターン練習、相手に伝える練習、具体的な作業などをしますが、ここに考えるという必要は生まれません。

　それぞれに関連した質問の例を下に示します。

◆ HOTSとLOTSの質問例

HOTS	LOTS
「オオカミについて何を知っていますか。」	「オオカミの単語を指さしなさい。」
「夜には空に何が見えるでしょう。」（背景知識の活性化）	「色を塗りなさい。」
「木とは何でしょう。」（ブレーンストーミング）	「聞こえた単語と絵を結びなさい。」
「ピーナッツは種・実・果物どれでしょうか。」（分類）	「〜を覚えていますか。」
「なぜ、蜘蛛は昆虫ではないのでしょうか。」（理由付け）	「単語を並び替えて文を作りなさい。」 （英語の音や単語と意味の一致）
「コメの生産高を予想して、都道府県を並び替えなさい。 　なぜそう思いましたか。」　　　（順位付けと理由）	

　CLIL では「生徒の既存知識から出発する」ことが大切です。次ページの図は、「木：A TREE」について知っていることを生徒が絵に表し、それをブレーンストーミングした図です。教師はそこに「A TREE IS ／ BIG SMALL／ FRESH AIR／MATERIALS」などの概念や定義を書き込んでいます。文字が使える中学校ではグループごとに模造紙を用意して話し合い、イラスト、単語やフレーズを書き込んでいくのもよいでしょう。

CLILでは生徒は英語や内容について何も知らないという前提でスタートせず、自分が今まで知っていること（Antecedent）と学びをとおした新しい知識を結び、さらなる結果（Consequent）を築こうとします。その認知的な行為における「内容と言語の絡み合い」があることで、忘れてしまいやすい短期記憶から、手続きをとおして残る長期記憶となるのです（Silvana Rampone 氏提供、2016）。

A TREE についてのブレーンストーミング

　下の2つの図は両方とも英語で使われるワークシートです。思考を引き出す CLIL 的なワークシートと、暗記などを行う非 CLIL 的なワークシートがそれぞれどちらか考えてみましょう。またその理由も考えてみましょう。

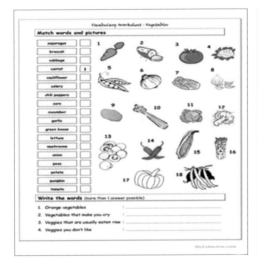

ワークシート　A

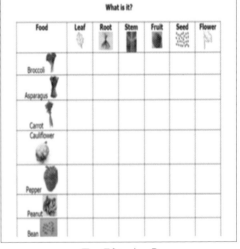

ワークシート　B

　ワークシート A では、スーパーの買い物のストーリーを聞いて、何の野菜を買ったのかについて、英語の音と単語を結びます。色で分けたり、自分の好きではない野菜を相手に伝えたりします。対人伝達の活動はできますが、考えたり話し合ったりする必要はほぼありません。また英語が苦手で、聞き取れないとそれ以上答えることができません。

　ワークシート B では、「ピーナッツは、果物か根か？」（Peanuts are fruits./Peanuts are roots.）について考える、調べる、話し合うという必然性が生まれます。チェック（✓）をしたワークシートでペアワークをする場合も、お互いに答えを比べて再考する必要が出てきます。答えがすぐに出ないものもあるので、最後に教師のフィードバックを一生懸命「聞く」場面ができます。花が咲いて地面に落ちて実ができるので「やっぱり、Peanuts are fruits.」だとわかった

時には、「根：Root」とは何か、「実：Fruit」とは何かという理科の内容とともに、言葉もよく理解することができるでしょう。このように、抽象的なことを学習するための CALP（認知学力言語能力）を培いながら、英語を学んでいきます。

　以下、CLIL における「思考」のバリエーションを挙げます。下の表は、CLIL において生徒がつぶやいたり意見を述べたりする時に、実際に出現する「認知ディスコース機能（Cognitive Discourse Functions：CDFs）」です（Dalton-Puffer、2016）。生徒が思考をしている様子を物語る指標として「分類・定義・描写・価値付与・説明・探求・報告」の7項目があります。実際にこの指標をもちいて、中学校2年生の CLIL 学習での事後英作文をラベリングしたところ、「説明・理由付け・比較・予想・分類・賞賛」が非常に多く見られました（Kashiwagi & Kobayashi, 2019）。

CLIL における認知的な談話機能の7つの要素（**Seven CDFs**）

分類（Classify）	分類（classify）、比較（compare）、対比（contrast）、結び付け（match）、構成（structure）、類別（categories）、包含（subsume）
定義（Define）	定義（define）、同定（identify）、解釈（characterize）
描写（Describe）	描写（describe）、ラベルづけ（label）、同定（identify）、名づけ（name）、明細化（specify）
価値付与（Evaluate）	評価（evaluate）、判断（judge）、議論（argue）、自由（justify）、立場（take a stance）、批判（critique）、推奨（recommend）、意見（comment）、省察（reflect）、賞賛（appreciate）
説明（Explain）	説明（explain）、理由（reason）、表現（express）、原因／結果（cause/effect）、指摘（draw）、結論（conclusions）、結果から推論（deduce）
探求（Explore）	探求（explore）、仮説（hypothesize）、推測（speculate）、予測（predict）、推測（guess）、見当（estimate）、刺激（stimulate）、他の視点で考える（take other perspectives）
報告（Report）	報告（report）、情報提供（inform）、詳述（recount）、語り（narrate）、発表（present）、要約（summarize）、関係付け（relate）

（ Dalton-Puffer、2016）

⑤ インプットとインタラクション

1 インプット：Teacher Talk

　生徒が理解できるインプットを教師が聞かせることが大切です。クラッシェンが述べるように、英語学習にはまずインプットが欠かせません。またそのインプットは理解できるレベルでないと意味がありません。また、聞き手の生徒にとって、少し発展的なちょうど良いレベル「＋1」の英語であると、生徒が言葉へのアンテナを伸ばして聞こうとするため、学びが大きくなります。このようなインプットを実現する方法を Teacher Talk と呼び、CLIL においては生徒の背景知識を引き出し、教科内容のトピックを聞かせるための大切な方法です。

◆ Teacher Talkの要素

- 文法的に正しい英語を、文脈の中で自然にもちいる。
- 生徒の理解に合わせて、ジェスチャー、表情、視覚教材を加えて話す。
- 楽しい繰り返しを丸ごと表現で聞かせ、慣れてきたら繰り返しの一部を入れ替えながら、英語の音声の特徴や文の仕組みに気づかせていく。この方法を、文法に気づきやすくするための「構造化されたインプット」(Structured Input)と呼ぶ。
- 文のパターンへの気づきが見られるようになった段階では、ジェスチャーや視覚教材などの助けを減らし、音声のみの指導に近づけ、文の仕組みに気づくようにする。
- 異なるトピックで、同じパターンの表現を 5 回以上聞いたことがある状況では、多くの生徒は言語的なパターンに気づいていることが研究からわかってきている (Input Frequency)。
- 中学校では、音声から聞かせた内容を、テキスト(書かれた情報)へと導く。

　「文の仕組みへの気づき」とは、どのようなことを指すのでしょうか。小学校では I like Xs. や I want to Y. などは、異なる場面で数回以上出会っており、耳慣れたこれらの表現を児童はチャンクで理解しています。その際「名詞」「動詞」という品詞は教えませんが、こういう時はこんな言葉をつなげるという意識を持つようになります。このような学びで得る知識は「手続き的知識」と呼ばれ、この学び方では、最初に文法について母語で説明を受けるよりも、文法への繊細な感覚が育ちやすいとされています。高校や大学で、また、留学先で大量の英語を耳にした時でも、大まかに聞いてパターンをつかみ、言葉を最小単位で使ってみながら周辺を理解していく自律的な学習者を育てることにつながるでしょう。

　CLIL では、言語は難易度で段階付けられるものではなく、言葉の機能を重視します。内容は簡単にしすぎず、言葉は難しすぎないことが大切です(Simplified Language Not Content)。教

師は、指導案やメモに Teacher Talk を書いて表情豊かに聞かせると良いでしょう。インプットは授業ノートを作って「書いて残す」ことをおすすめします。

　予備知識の活性化と足場かけ(Scaffolding)のための教材が Teacher Talk の理解を容易にします。Teacher Talk は音声で行い、文字の提示は、小学校でも中学校でも、音声の後にするほうが良いでしょう。

- 足場かけの教材例：ポスター・実物・絵や図・グラフ・映像・録音・単語と文リスト・ひな形文 (中学校では、短い文章を書く)・フレーム・内容の場面分け・実験の記録・分類チャート・調査シート

　生徒が大まかに聞き、音声の形式とその意味をつなぐという認知 (Form-meaning Connections：FMCs) ができているかを、以下のような方法で観察します。

例：ポスター・実物・映像・録音・単語と文リスト・内容の場面分け・絵や図・グラフ・実験の記録・分類チャート・調査シート・単語と文リスト・ひな形文(短い文章を書く)等

2 母語の使用

　言葉の認知発達のためには、母語と第二言語は同じぐらい重要です。母語は概念的発達を助けるため、ブレーンストーミング中では使用し、必要に応じて母語から英語にコードスウィッチングします。特に、生徒に英語の経験が少ない場合は、母語を効果的に使うと良いですが、英語でインプットすることを中心とし、生徒が「わからない」という反応を示した時には、パラフレージングや、別の言葉で言い替えて推測させます。どうしても理解が難しい表現の後に、すかさず母語で短く「おたすけ解説」を入れると良いでしょう。母語の使用例を以下に挙げます(詳細は、Lesson 5「昆虫の住むところ」実践例を参照)。

◆ パラフレージング：母語の使用例

T Do dragonflies live on flowers?（風景の中のトンボを指さしながら）

C あっ、ちがう、ちがう、水のそば。

T 水のそば ... By the lake? Why?

C とんぼの幼虫、やごは水のそばで見るから。

T やご? Good idea. Have you seen baby dragonflies by the lake?

C Yes. 見たことある。

T Let's check やご in English.（絵辞書や iPad を使って）

T	We call やご〔a dragonfly nymph〕. ニンフ、幼虫だね
C	OK. A dragonfly nymph!
T	Dragonflies lay eggs by the lake.

　生徒は、自分が言いたかったことについて、その場でその時聞いたことは腑に落ちるものです (here & now)。CLIL においては、教師と生徒がやり取りをしながら新しく学ぶという場面が大切です。

◆ 母語使用のポイント

- 最初は母語を禁じるわけではないが、できる場面では教師は英語を使っていく。
- 生徒が考える場面でのつぶやきは母語が多い。教師はそれらのうち、言い換えることができる英語はすかさず使うと良いが、いつも英語に言い換えなくても良い。
- CLIL の授業に慣れてきたら、教師が生徒の思考やつぶやきを先見的に予想できるようになる。生徒が使いたくなるような語彙や質問の英語をメモしておくと良い。

3 インタラクション（1）：教師と生徒のやり取り

　CLIL の授業でも、アクティブ・ラーニングの授業でも、導入場面では、Teacher Talk を聞かせるための準備をしている教師は多いでしょう。しかし、"Now, it's your turn!" と言って、生徒に活動をさせ始めた後に、どんなやり取りをして生徒の思考を引き出すかについては、予想できていないことが多いのではないでしょうか。活動中は生徒に任せきりという様子も見られます。CLIL では、生徒中心の場面で、最低限英語でこんなふうに生徒に質問しようという質問力（教師の質問力・Teacher Questions）と予想が大切です。

　例えば、グループの活動中に、ワークシートを指さして、"What's this?" と聞くだけでは、答えは単純になりますが、"Why did you choose it?" "Why do you think so? My opinion is ..." と、教師も生徒と考えのやり取りをするような質問力が必要です。小学校では、生徒が Yes か No で答えられるような質問や、指で指し示せばわかっていることを伝えられるようなワークシートを用意します。中学校では、理由を問うこと、なぜそういう考えに至ったかの途中を問うことなどの質問力が必要です。以下に CLIL で必要となる「教師の質問力（Teacher Questions）」の例を非 CLIL の例と対照して示します。巻末の「Classroom English」と併せて、活用してください。

◆ CLILとNon-CLILのTeacher Questions例

Teacher Questions（CLIL）	Teacher Questions（Non-CLIL）
Why do you think so? How did you know it? Tell me why? Do you have a good idea? Explain your idea.	What's this? What color is it? Who is this? Do you know it?

4　インタラクション（2）：生徒と生徒のやり取り

　生徒同士がやり取りをする場面としてのタスクが用意されていれば、生徒は日本語交じりでも、やり取りを始めます。しかし、アクティブ・ラーニングで協働的に取り組んでいるつもりでも、4人グループが互いに真似をすれば成立してしまうような活動も見られます。そうした活動だけでは、学習者に学びに責任を持つ自立性は育ちません。生徒が本気になるには、グループ内で、自分だけが知っている情報を受け持つタスクが用意されることが大切になります。

◆ CLILで使うタスクや活動の例

- 生徒が今知っていることをシェアして書きとめる活動（Brainstorming）
- Yes か No かで、生徒が協力して答えを出す活動（True or False）
- 三択で、生徒が協力して1つを選ぶ活動（Three Choices）
- インターネットの資料、チラシ、ポスター、パンフレット、グラフの数値など、協同して探したり、切り抜いたりして創るような活動（Information Gathering）
- お互いに知らない情報のような、ギャップのある情報を伝え合う活動（Gap Filling）
- ロールプレイ・ディベート・即興のセリフなどを、協同で創る活動（Creation）
- リーディングにおいて、グループの構成メンバーが違う情報を持つようにし、伝え合い助け合わないと全体の文脈がわからない活動（Jigsaw Reading）
- 上記で創り出した、図、ポスター、セリフなどを壁面に掲示したり、フィードバックを伝え合ったりする活動（Gallery Talk）

　筆者は、CLIL に取り組む中で、「つながりから生まれるシナジー（相乗効果）を生み出す（笹島、2011）」ことの凄さを、何度も目の当たりにしてきました。生徒が学び合い、新しいものを創り出すエネルギーが掛け算になった時は、教師が1人で教え切ることができるレベルをはるかに超えると感じています。

⑥ CLILと語彙

　CLILでは教科特有の言語に含まれる語彙に出会うことが大切です。語彙を教える際は、意味のある文脈の中で新しい単語を聞かせていくようにします。語彙を取り出して教えるタイミングは授業の後半が良いでしょう。おおむね以下の3つの方法があります。

◆ 語彙との出会わせ方

- 前半は意味の中で語彙に出会い、後半以降で、絵カードやリズムに合わせたチャンツで単語を学ぶ。小学校ではこの方法が良い。
- バックワードデザイン（逆向き設計）で単元間の関わりを構成し、CLIL授業を行うまでに、まったく違う内容の単元で、必要となる語彙を学ぶ。
- 反転学習やモジュール学習で、クイズ形式で親しめる語彙を学ぶ。

　CLILで出会う語彙を以下の4種類に分けてみます。以下は算数の図形についての例です。

グループ1	グループ2	グループ3	グループ4
circle rectangle diameter	center number size	about across many	sharp rise, fall dramatic

　Bentley（2010）の分類によれば、グループ1は、教科特有の語彙、グループ2は、他にも使える応用の高い語彙、グループ3は、その内容では何度も使いツールになる語彙、グループ4は、教科特有の概念についてコミュニケーションする際に大切な語彙や連語となります。

⑦ CLILと文法

　CLILの授業で文法に触れる際は、まずはひとまとまりの表現（チャンク）に慣れることが大切です。音声から意味がわかることが先に来ます。聞いてわかるチャンクがある程度溜まってくると、後で文法ルールを見つけやすくなります。例えば、イタリアでは、8年生（14歳）で英語の文法を習いますが、7年生（13歳）では、文法を見つけることを大切にしています。11〜13歳は文法を教え込んでも難しい時期ですし、習った文法のルールをコミュニケーションの中で使えるようになるまでにはかなりの時間がかかります（Myles, 2004）。その2〜3年のタイムラグの間に英語が嫌いになってしまう生徒は多く、この傾向は日本だけの問題ではありません。チャンクから文法を見つける（Discover The Rules）という認知プロセスは、そのタイムラグをうまく埋め、

なおかつ、外国語学習において、かけがえのない言語経験となります。

　「透明な言語」(Transparent Language)で学び始めることが、CLIL では大切です。文構造には、チャンクから見つけやすいものと見つけにくいものがあります。例えば、現在形、現在進行形、動詞と目的語のつながり(VO)、動詞と副詞のつながり(VC)は、「透明な言語」だと言えます。また、二重目的語構文(give OO)や、後置修飾の現在分詞(Can you find a bird eating a fruit?)条件節(例：If I put the picture into the water, it will disappear.) なども、ある程度文構造が見つけやすいでしょう。一方、母語(日本語)からは類推しにくいものもあります。受動態や関係代名詞などは、チャンクからでは見つけにくい文構造です。前者の場合は、CLIL の帰納的な学びをとおして、チャンクから文法を見つけるのに向いています。一方、後者の場合は、文法を学んでから 4 技能を統合して使う際に CLIL を活用するほうが良いでしょう。

　従来の日本の英語教育では、文法項目をあらかじめ全部教えてそれから活用に入ろうとする傾向がありますが、それでは活用する頃には英語が嫌いになってしまうこともあります。複雑な文法をもちいて語数の多い英文を使わせるのではなく、「透明な言語」を使い、単文で 8 語程度の表現で、教科の内容、実験の仕方や体の動かし方などについて、バリエーションを学び、そのレベルでの発話をする時間が必要です。中学校以降で学ぶ文法のうち、日本の生徒にとって、CLIL で扱いやすい文法項目とその例を以下に挙げます。

◆ 透明な言語(Transparent Language)

- Present［現在形］
  A cube has six faces.（立方体には6つの面がある）
- Past［過去形］
  The flowers began flourishing in the spring.（花は春に咲き始める）
- Future［未来］
  The burnable trash will change into the soil.（燃えるゴミは土に戻る）
- Present Progressive［現在進行形］
  I am brushing my teeth.（わたしは歯を磨いている）
- Modal Verbs［助動詞］
  [can, may, must, have to, don't have to, should, could, might]
- Conditional［条件節］
  If you put the picture card into the water, it will disappear.（絵カードを水に入れると、消えてなくなる）
- Reporting Verbs［伝達にもちいる動詞］
  The coach advised me to find the space to move.（コーチはわたしに動けるスペースを探すようにアドバイスした）
- Other Verb Forms［その他の動詞の形］

I enjoyed camping.（わたしはキャンプを楽しんだ）
- Present Participle［現在分詞・後置修飾］
Can you find a bird eating fruit？（果物を食べる鳥を見つけられますか？）
- Argumentative Verbs［二重目的語構文］
I am going to give you a good rhythm.（良いリズムをあなたに教えましょう）

⑧ CLIL とフォーカス・オン・フォーム

1 事例からルールへ

　新学習指導要領では、小学校3年生から英語に慣れ親しんできた生徒が中学校に進みます。中学校の教師からはすでに、以前と比べて「内容が聞ける」「身近な語彙を知っている」「英語圏以外の外国の文化にも興味を持っている」という声が寄せられています。まず「聞いて大まかに意味がわかる」ことは言語習得の重要な基盤となります。

　英語の内容に興味を持ち、耳を傾けて真似るという学び方は「アイテム学習」と言われます。これは、"Draw a square on it."のように、分析されず丸ごと表現として言葉を使う学びのことを言います（Tomasello, 2003）。学習者は、チャンクと言われるこのような事例（exemplars）を蓄積し、その意味と音声形式を結ぶ手続きを行い、言葉のあいまいなルールを形成していきます（Yamaoka, 2005）。

　教師のインプットから使える事例に出会い、友だちとやり取りを行いながら、意味を音声形式にマッピングし分析を繰り返し行うプロセスがなければ、言葉を話そうとする力にはつながりません（N.C. Ellis & Larsen-Freeman, 2009）。このような言語習得のアプローチは用法基盤言語モデル（Usage-Based Learning：UBM）と言われ、母語習得のプロセスとも関わりが深いものです。現在ではUBMの外国語学習への応用がさかんに行われています。

　この「事例からルール」へと導いていく「アイテム学習」を、豊かな内容のやり取りの中でスパイラルに促進して、さりげなく言葉のルールに出会わせることが大切です。また、中学校以降では小学校での「アイテム学習」を継続しつつ帰納的に文法知識を学び、やがて文法の誤りを自己修正できるよう導きたいものです。1人の生徒が英語に触れる方法や順番が「事例からルール」（帰納法）なのか「ルールから事例」（演繹法）なのか、バラバラでは一貫した学びにはなりません。CLILにおいては「事例からルール」で言葉に出会わせていきたいものです。「事例からルールへ」の道すじは、以下の順番になり、大人の英語学習でもルールと事例の両方を活性化します。

1. 音声に親しむ ➡
2. 内容がおおまかにわかる ➡
3. 言葉のお皿(アイテム)が増える ➡
4. 言葉の仕組みに気づく ➡
5. 構文への抽象的なルールを、図式化されたものとしてつかむ

事例からルールへ

　4、5の段階では、日本の英語環境では、自然な文構造への気づきだけでは難しい場合もあります。生徒の気づきを引き出しながら、生徒がイメージできるように導くことが重要です。構文の図式化されたもの(スキーマ)を起点に、文法のルールを図式的に教える工夫が必要です(Kashiwagi, 2019)。文法の説明は長々と行わず、パワーポイントスライドや文例を使うと、生徒は自分が思い描いていた気づきに近いと感じるのですんなり理解できるでしょう。

　CLIL における文法面の指導についてまとめると、「文字情報を見せる前に、音声から内容に親しませるように、教師が英語を用いて学習者に語りかける場面」(Focus on Meaning)があり、「深い内容を学ぶ際の英語のインプットに含まれる言語形式に注意を向け、友だちと英語を使いながら文のパターンや仕組みに気づく場面」(Focus on Form：FonF)があることです。CLIL において重要な場面は、内容と言語面の両方のフォーカスを、生徒の高次の思考が最も高まる場面に絡めていくことです。

2　内容と言語の絡み合い (ストーリーの活用)

　「事例からルールへ」「文の仕組みに気づく」という学びを実現するための１つの方法として、ストーリーの活用がポイントになります。良い絵本には、「内容についての思考場面」と「言葉の仕組み」の両方をうまく重ねているものが多くあります。お勧めは良い絵本に出会い、次に、生徒の英語レベルに合わせて再話(Retelling)をすることです （例：*Handa's Surprise* (Browne, 1995) ではアフリカの子供たちの生活や食物連鎖が学べます）。

　学習の初期から、英語のまとまった話を聞き続ける力(テクスト理解能力)を培うことが大切です。絵本は、生徒が読み物そのものの楽しみに浸り、豊かなインプットをとおして音声と意味を結びつける機会をもたらします。繰り返して聞くうちに、自然にひとまとまりの表現を覚えてしまうほど染み込む指導を心掛けたいものです。また、高学年の生徒は、絵本の筋を理解する際、絵だけでなく書かれている文字にもすばやく目を移し、音声とスペリングをマッチさせながら語彙を拡げ、様々な情報を総合して意味を推測しています。教師にとっても絵本を開くだけで、CLIL 授業の構想が浮かんでくるでしょう。

Chapter 3

CLILの評価（アセスメント）

① CLILの評価方法

1 CLILでの評価（アセスメント）がめざすもの

　CLIL は、生徒にとっては学び方の変換を、教師にとっては指導法の変革をおこすための触媒（Catalyst）になります。まず、教師が評価において大切にすべきことは、次の点です。

　「CLIL の授業で、生徒はどのようなプロセスで学びに向かうのか、
　的確に見取り、それをもとに、自らの授業を良くしていく」

　的確に生徒の学びを「見取る」ことをめざし、うまく生徒の学びのプロセスを評価できた時には、生徒の進歩の理由や、ポートフォリオやコメントにおいて進捗した足跡（Evidence）をもとに、生徒へのフィードバックができる教師になっているでしょう。

　「目の前の生徒は、学ぶということに自己責任を持って参加しているのか」

　目の前の生徒が、一斉に黒板に向かって教室の片隅で、黙々と板書を写し、だれか友だちが指名されて意見をぼそぼそ言うのを待っているだけなら、それは自律的に学ぼうとする CLIL の学習者にはなり得ていません。このような時には、まだ CLIL の授業を実現できたとは言えないでしょう。
　評価とは、目の前の生徒の学びのプロセスやプロダクトに、1）教師が賞賛し驚く（Appreciation）、2）励ますようにフィードバックをしながら価値を与える（Evaluation）、3）指導に合致した方法で見取った評価を行うこと（Assessment）、だと言えるでしょう。したがって、教える方法（How of Teaching）を改善していないのに、学ぶ方法（How of Learning）が良くなるということはありません。評価の結果は、教師自身の指導法を映す「鏡」となります（本著では、プロセスやフィードバックをより重視したCLILの形成的評価の在り方を扱うものとして「アセスメント」と記します）。

評価 APPRECIATION－EVALUATION－ASSESSMENT

2　小学校・中学校では、何をどうアセスメントするか

　CLI で何をアセスメントするかは、単元の目的や、指導者の意図により異なってきます。CLIL で育てるスキルについては、大きく下の 5 つが挙げられます。新学習指導要領（2017 提示）との対応は表中の右側に記します。

教科・言語両面からのアセスメント
(Dual Focus on Both Content and Language)

アセスメントの観点	方法	学習指導要領 （2017年 提示）
学びの態度 (Attitude to Learning)	自己評価、他者評価、Can-Do 評価、 ワークシートのコメント内容、 個々への見取り、ポートフォリオ、 ビデオ録画見取り等	主体的に学習に取り組む態度
内容 (Content)	（学習のために必要な言語や内容の理解） リスニングクイズ、空所補充、多肢選択クイズ	知識および技能
コミュニケーションスキル (Communication Skill)	ペア・グループ活動のワークシート、やり取り、ロールプレイ、 プレゼンテーション（見取り・自己評価・他者評価）、 対面インタビューテスト（ルーブリック評価*）、 True of False クイズ、ジグソーリーディング、 ディクトグロスへの貢献等	知識および技能 思考・判断・表現
思考スキル (Cognitive Skill)	ポートフォリオ、振り返りカード記録、 生徒の記述（日本語で良い）のラベリング（思考カテゴリー 7CDFs の活用）、 内容と言語からのライティングとルーブリック評価、 作問・発問作り、要約、グラフィックオーガナイザーによる情報整理、ライティングタスク等	思考・判断・表現
協学・異文化・地球市民意識 (Community & Culture)	授業・グループプロジェクトへの貢献の見取り、 21 世紀型スキル、国際理解尺度、 グローバルコンピテンシーに関する自己変容、 プレゼンテーション・ポスターとルーブリック評価等	21 世紀型スキル グローバルコンピテンシー

＊ルーブリック評価については、本章 p.33 にも例示している。

② CLIL でもちいるアセスメント・ツールと具体例

1　アセスメントの種類

◆ 形成的評価（Formative Assessment）

　この方法は、学んだという進捗の足跡(Evidence)を教師が見とるものです。例えば、以下のようなアセスメントは、ルーブリックを作成して記録する方法です。本章では、この形成的評価を紹介します。一般的な総括的評価（Formative Assessment）と比べてみましょう。

教師側 ニーズ分析、ポートフォリオの計画、ルーブリック、質問やクイズ、ワークシート、自己評価シート、他者評価シート

生徒側 メモ、日記(ジャーナル)、ポートフォリオの作成や記入、グループ・プレゼン、自己評価、他者評価

＊本書 Lesson 4「バスケットボール ーパス＆ランー」では、体育面から見た、パフォーマンス自己評価シート例を示しています。

◆ 総括的評価（Summative Assessment）

　学力テストや期末テストのような、達成度テスト(Achievement Test)などを総括的評価(Summative Assessment)と呼びます。これを形成的評価と組み合わせることも考えられますが、この総括的評価は CLIL のアセスメントにはあまり向いていません。ただし、生徒がその単元で学んだ内容や方法と合致するような「ワークシート」や「Yes/No クイズ」を作成する工夫をすることはできるでしょう。

＊本書では、Lesson 1「水の大切さ」にワークシートを示しています。

◆ CAN-DO評価

　CAN-DO 評価は、言葉を使って「何ができるか（can-do）」を到達目標として定めることで一貫した授業の目当てが生まれ、自立学習を促進する方法です。CLIL では低次の思考(LOTS)から高次の思考(HOTS)への授業展開をしていくために、手掛かりをあたえる足場かけ(Scaffolding)をして、生徒に考えさせていきます(長沼、2013)。足場をもちいて、生徒自身が「できるようになりつつある」プロセスそのものを能力の一部として認めていく場合に CAN-DO 評価は有効となります。教師がどのような「足場」をかけるかは、CAN-DO を問う文言 (CAN-DO Statement) に含むように作成します。したがって、多くの生徒が「I cannot do this.(それはできない。)」を選んだ場合は、必要であったはずの足場が用意されていなかったのではないかと教師は振り返りをすることになります。次ページの図は筆者らが作成した、小学校外国語科におけるコミュニケーション場面での「CAN-DO 評価例」です。

　Lesson 1「水の大切さ」で紹介した、水を使う場面を表現するには、生徒はまず、学習言語として"I brush my teeth. I go to school."というような表現に慣れ親しんでいる必要があります。評価作成例のように、「〜において、校時表と絵があれば、ミニ・プレゼンができる」の CAN-DO の文言では、【校時表と絵があれば】という「足場かけ」が重要でしょう。教師がそのような足場かけ作りをすることが、ポートフォリオ作成ともなり、生徒の意欲や創造をそれによって見取ることもできます。

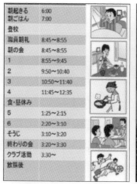

~において ::: あれば ・・・ できる

自分の「一日の動作」についてミニ・プレゼンするときに、「校時表と絵」があればできる。
(例：I go to school at 7:30 am)

観点：表現力

1) 校時表と絵があっても、自信を持って言うのは難しい。
2) 校時表と絵があれば、言うことができる。
3) 校時表と絵があれば、何度でも言うことができる。
4) 校時表と絵がなくても、余裕で言うことができる。

1　　2　　3　　4

CAN-DO 評価作成例

足場（校時表と絵）

日課の絵

※右側の写真上は、「一日の日課」の絵で、下は、四角錐に紙を折り、1週間の出来事を4つの絵で描く、「話すためのツール」です。

2　CLIL のアセスメント・ツール

◆ ポートフォリオ

ポートフォリオを活用したアセスメントです。例えば、描いた絵(Drawing)、図表・図解(Diagram)、文字で記したもの(Text)、音声録音やビデオ(Recording)、反転学習などで事前学習についてのクイズ(Quizzes)を行ったものなどです。生徒自身がファイリングし、学びの軌跡を蓄積させ、自律的に学ぶように励まします。

「描いた絵」Drawing
好きな昆虫の住みかを
絵と場所で表現する

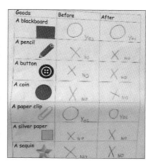

「図表・図解」Diagram
磁石の実験を「予想」と
「結果」で図にする

「文字で記す」Texts
磁石の実験結果を
文字情報にする

（「磁石の実験」カード：馬淵祥子）

◆ ルーブリック評価

アセスメントをしようとする内容と言語について、2つから3つの評価基準(Criteria)を作成します。これをルーブリックと呼びます。ルーブリックは CLIL の指導目的と合致したものがふさわしいでしょう。指導を進めながら学びを見取り、生徒の実態に合わせて調整します。評価基準は、生徒が学んだ内容や方法に近いものであることが重要です。他の

教師や学校内で一般的に使える共通の評価基準(基本形)を作成しておき、教師間で共通理解をすると良いでしょう。

◆ 評価基準の基本的考え方

評価基準(Coyle 他 , 2010)では、以下の考え方を重視します。

❶ 言語に関しては、できるだけオーセンティックな場面で評価する。

❷ 生徒が「できていない」と判断する前に、教師の足場かけはあったのか、それがないまま評価をするなら、それは「偽り」である。

❸ 自己評価でも他者評価でも、自分自身の学びに責任や自立性を持つように導く。

◆ CLILの2元配置アセスメント（Dual Focus Assessment）

CLIL は英語などの言語面だけでなく、教科内容そのもののアセスメントも同じぐらい大切です。両面からのアセスメント方法には、次のような方法があります。

絵と内容のマッチング（Picture Matching） 学んだコンセプトを表した絵とマッチングする。

内容の想起（Content Recall） コンセプトの絵や文を、何らかの順番に並べる等、ディクトグロス(文章再構成)を行う。

真偽を問うクイズ（True or False） 学んだ内容が正しいか、正しくないか判断をする(この方法は、大まかに把握できているか議論をする際にもよい)。

→例：A watermelon contains 30% of water. (False)

A camel drinks 190 liters of water at a time. (True)

空所補充（Gap fill） 理解したコンセプトをあらわすセンテンスの空所を補充する。

→例：We (　　) 40 liters of water when we (　　) a shower.

(Answer: use/take)

ラベル付け（Labelling） 発話や口頭発表を記録、またはビデオ録画して、7 CDFs 等によって、見られた思考にラベル付けをする。

ジグソーリーディング（Jigsaw Reading） グループのメンバーが異なる情報をもつ英文を読んで伝え合い、情報を整理してテーマについて考えを深める。

→ マトリックス表の作成(Create a Form of Matrix)：ジグソーリーディングの結果、グループで意見交流しマトリックスを作成する(次ページ図例)

エッセイやプレゼンに対する2元配置アセスメント 例えば、次ページ図のように、「宇宙」を扱った場合、太陽系の学習について、教科面と言語面の両方からのアセスメントを行う。

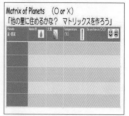

内容と言語の両面を考えたジグソーリーディング / マトリックス作成 （「宇宙とかけがえのない地球」：柏木）

③ CLILの発展的な評価方法

1 言語と内容の2元配置アセスメントは可能か

　言語と内容の両面からのアセスメントは簡単ではありません。指導アプローチが、内容と言語の双方向からのフォーカス(Dual Focus)であるためです。そのため両面からのマトリックスが必要になります。Coyle 他(2010)は次のように述べています。

❶ アセスメントの前に、目的を明確にする。
❷ 複数のアセスメント方法を組み合わせる。

　　例： Formative Assessment × Summative Assessment
　　　　 （形成的評価）　　　　　　　（総括的評価）
　　　　 タスクベースのアセスメント×テスト

　Lin(2016)は、CLIL で言語と内容の両方を問う「テスト」を作成する場合も、マトリックスを作成することによって、何をアセスメントするかをよく整理し、「そのテストで良いのか」を問うべきだという提案をしています。

CLIL の 2 元配置アセスメントのマトリックス例

	Memory 記憶	Understanding 理解	Applying 応用	Analyzing 分析	Exploring 探究	Creating 創造
Word	①					
Sentences		②				
Text			③		④	⑤

評価方法例（表中の①〜⑤）

① 空所補充

② 概念の定義

③ 短い答え（例：温暖化の原因となる二酸化炭素を減らすには何ができるか説明する）

④ アカデミックなエッセイを書く（例：首都を移転することに賛成か反対か書く）

⑤ グループ・プレゼンテーション（例：新しい首都に一番ふさわしいところについてプレゼンテーションをする等）

Lin（2016、p.115 筆者訳）

◆ 留意点

- 言語と内容の両方に〇が付くか。
- 文脈（Context）の中での問いになっているか。
- オーセンティックなインプット（情報）を使ったテストになっているか（グラフや地図など活用したテスト）。
- テストでビジュアル資料を使っているか、教科特有の知識（理科など）に合致しているか。

2 CLIL の 2 元配置アセスメントの提案

　Lin(2016)の表を活用して、第 2 部の Lesson 9「セロ弾きのゴーシュ：ドラマ・プロット」について CLIL の二元配置アセスメント（Dual Focus Assessment）を作成してみます。また、Bentley(2010)に基づくと、この授業で出会う単語と表現の分類は次のように考えられます。

out of tune Climax rhythm Scale emotion Drama plot	play the cello play the drum pluck the strings	out of Many wonderful may I come in?	brings X for Y won't you play 〜?
1 群：教科特有の言語 （演劇）	2 群：他の場面でも 使える表現	3 群：授業で よく聞く表現	4 群：特別な概念を 共有する目標表現

CLIL の 2 元配置アセスメントのマトリックス例「セロ弾きのゴーシュ」

	Memory 記憶	Understanding 理解	Applying 応用	Analyzing 分析	Exploring 探究	Creating 創造
Word	①					
Sentences		②				
Text			③	④	⑤	⑥

①②

「セロ弾きのゴーシュ」の音声ディクトグロスを使う。空所補充で、ストーリーの理解を評価します。表現の空所補充や多肢選択クイズをもちいて評価します。

③④

ドラマ・プロットにおける「Climax」の即興ロール
プレイが、「Rising Action」や「Ending」を把握し
た、「ストーリーの原因と結果」を熟考して表現でき
ているかルーブリック表を作成して評価します。

⑤⑥

様々なドラマ・プロットの「型」を活用して、自分
のストーリーを創造します。CLILにおける次の場面
への転移スキルとして評価します。

「セロ弾きのゴーシュ」
生徒のクライマックス即興作文例

　①〜⑥までの評価において、「言語面」と「内容面」の両面で評価できているか確かめます。
また、学習者のレディネスによっては、どのような観点で評価を行うかについて、ルーブリック
表を作成します。上図の生徒であれば、下図のルーブリック表では、言語面は4に内容面は3に
に該当するであろうとアセスメントできるでしょう（上図：セリフ創造は工夫しているが、ドラマ・
プロットの原因と結果の理解が「少し足りない」ことを教師は把握し、生徒へのフィードバックを工夫
していきます）。

表 **CLILの2元配置アセスメント　ルーブリック表**

(Lesson 9　「セロ弾きのゴーシュ」クライマックスの創造場面)

クライマックスの創造（即興セリフと即興演劇）		
言語		**内容**
・クライマックスのセリフを6文以上書いている。 ・ストーリーで聞いた表現を入れ替えたり、新しい表現を加えたりしている。 ✓	4	・ドラマ・プロットの構成を考えた内容や、原因と結果の関連を考えてセリフを書いている。 ・即興で演じ合い、修正を加えている。 ・自分と友だちのアイデアを統合し練り合っている。
・クライマックスのセリフを4文以上書いている。 ・ストーリーで聞いた表現を入れ替えながら使っている。	3	・ドラマ・プロットの構成を考えたセリフを書いている。 ・役割になりきって、即興で演じている。 ・友だちと話し合ってアイデアを交流し比べている。 ✓
・クライマックスのセリフを4文以上書いている。 ・ストーリーで聞いた表現を使っている。	2	・セリフを書いている。 ・動作を交えて即興で演じている。 ・友だちと話し合いアイデアを交流している。
・クライマックスのセリフを2〜3文書いている。 ・ストーリーで聞いた表現をまだ上手く使っていない。	1	・セリフを考えて口に出したり動作をしたりする。 ・友だちと話し合って工夫している。 ・まだ、上手く英文が書けない。

| 目標表現を理解し活用する | | ドラマ・プロットを捉え創造的思考を関連させる |

言語 "brings X for Y"	内容（ドラマ・プロット）
• 文章再構成（ディクトグロス）にグループでやり取りして取り組む。 • 概念を共有する目標表現、音楽や感情に関する表現を豊かに使って書く。 • クライマックスを書く（ストーリーの表現を借り、表現の一部を入れ替えて書く）。 • 新しい表現を調べて書く。 • ドラマ・プロットを意識した繋ぎ言葉や会話、ナレーションの表現を使う。	• 文章再構成（ディクトグロス）でドラマ・プロットの構成に気づく。 • 楽器を奏でる動作や感情の表現をする。 • ドラマの構成や、プロットを考えたクライマックスを創造する。 • 即興でクライマックスの役割をグループで話し合いながら演じる。 • 登場人物の感情に移入してセリフを言う。

Lesson 9 「セロ弾きのゴーシュ」の2元配置アセスメント

◆ 教師のフィードバックの重要性

　筆者らは、フィンランドの小中学校の教師にインタビュー調査を行い、フィンランドの教師Tと、CLILのアセスメントについて話し込んだことがあります。その際、T氏は、自分の蓄積したポートフォリオを見せながら、次のようなことを語りました。

　「フィンランドでは、一つひとつの学習にアセスメントはしません。アセスメントに多くの時間を割くよりも、授業作りそのものに時間をかけ、同僚とより良い指導を"creation"することにかけます。また、アセスメントよりも、フィードバックに力を注ぎます。なぜなら、生徒は、「〇点」という判断でなく、その場その場で必要な、教師のフィードバック（言葉）を待っています。生徒はそれを励みにします。研究のエビデンスからも教師のフィードバックで学びが深まるという結果が出ています。長いプロジェクトではポートフォリオが自然に溜まります。ルーブリックをもちいてアセスメントを行う程度です。言語面については、小学校1年生入学当初（7歳）に、CLILで大切な『音声面からの意味内容切り出し』に、どの生徒が言語学習の弱みを持っているか、音声による診断テストを実施しています。特別支援や、読み書きに困難のある生徒には、1年生から必要なだけの支援をしています。」

　このようにアセスメント・ツールの活用に終始することなく、教師としての誇りを持ち、CLIL授業のゴールを見据えて「足場」をかけ、言葉かけによるフィードバックを個々の生徒にしていくこと、学びのファシリテーターになることに、より多くの時間をかけていきたいものです。何のための評価であるのかを考え、「学びのためのアセスメント」（Assessment for Learning）を行うことは、これからの取り組みの重要ポイントでもあります。

Chapter 4　CLILと文字指導

① CLIL と音声からの文字指導（小学校から中学校へ）

　日本において CLIL を導入する際に、「音声からの文字指導」を実現することは、もう１つの柱として重要です。小学校外国語科（教科）では、文字指導が導入されますが、モジュール学習（帯学習）などで文字を学ぶ以外に、意味のある内容の中で文字に出会うことは、言語習得の上で大切です。意味と切り離し、機械的に書き写す文字指導だけでは、生徒にとってその文字や単語はいつどのような場面で使えるのか、結びつけられないからです。また、CLIL の足場かけの活動（Scaffolding）を行う際、絵カードに読める文字が付いている時に、自分の力で文字を推測して読もうとするように、教師が仕掛けを作っていくことが必要です。

　英語の読みは、音と文字が対応する日本語と異なり、複雑なものです。英語の単語が自分で読めるようになるには、英語のかたまりの音（音韻）を耳で聞き分け、そのかたまりの音と綴りの関係を学ぶ活動をとおして、自律的に読める（デコーディングする）ようになる段階的指導が大切です。CLIL の活動中に初めての単語を見ても、音声で聞き取り、頭韻と脚韻のかたまりや、オンセット・ライムからデコーディングする力があれば、コミュニケーションをストップせずに、推測して読みながら学ぶことが可能になります。

　中学校でも、デコーディングの力を育てていない場合は、未知語が出てくると 辞書で確認することなしに次の活動には進めなくなってしまいます。意味に浸る活動や、複数の情報を比較して思考する活動は、音声で聞き取り、ある程度単語を読む力が必要になります。内容から入るCLIL で未知語に会った場合に、音韻・音素の認識をもって、自分で文字が読めるようになるために必要な指導について以下に紹介します。文字が読めるからこそ深まる CLIL の指導のあり方についても触れます。

② 「音声からの文字指導」と５つの段階

　英語の音声面は、英語らしい音の創り出し（発音）と、音声と文字の結びつきの導入に分けられます。この両方を支えるのは音韻（音素）認識ですが、日本ではあまり指導されてきませんでした。日本語は、１つの音に１つの平仮名が当てられるため、音声と綴りの関連づけであまり苦労することがありません。一方、英語は音と文字が１対１ではなく、"a" の文字１つとっても、cat、take、father、water と多くの音を表します。教師は、日本語と同じように英語もすぐ読めるはずだと思い込みやすいですが、現状の中学生が音素認識なしで「英単語が読める」のは記憶型学習

によるもので、英語の音素認識（ship：/sh/i/p の３つの音素）を持って個々の音素の発音で「読める」こととは異なっています。

　表１は、アメリカ合衆国における移民の子どもたちが５年をかけて受ける指導「音声から文字への５ステップス」を筆者が整理したものです。今後、小学校ではステップ１、２で取り上げた音韻認識指導が重要だと考えられます。また、ステップ３〜５については小中連携で時間をかけて行われることが大切であり、国語としてのローマ字の習熟徹底が、英語の音声と綴りとの違いに気づかせます。

表1　音声から文字への５ステップス

段階	概念	代表的な例
1	Pre-phonemic （音韻認識以前）	ローマ字指導の徹底　文字認識 大文字・小文字の一致　音韻を聞き取る遊び
2	Phonemic　awareness （音韻認識） Blending（音をつなげて単語を作る）	先頭音の聞き分け　例（C-c/D-d） 音素（phonemes）のカテゴリー　例（Odd-One-Out） 音素をつなげる　例（cat：c/a/t）
3	Rhyming & Alliteration （終わりと出だしの音） Blending Within word pattern （真ん中の音）	ライミング　sail- mail アリタレーション　black-bloom 単語パターン内の発見と一般化：foot-wood 音素をつなぐ　bl-/st-/pl- m+ice/b+oo+k/ 単語と綴り　フォニックス基礎
4	Syllables （音節） Prefixes &Suffixes （接頭辞・接尾辞）	音節単語のカテゴリー化　oc・to・pus オンセット・ライム　gr・een　/p・ost 単語カテゴリー（word tree）とコアの意味　例（co-/-ation） 単語と綴り　フォニックス応用
5	Decoding （音素認識から読む） Advanced reading・writing	音素カテゴリー化　フォニックスルールハント 詩やストーリーをペアで読む（shared reading） 絵と短いストーリーを書く

（Bear 他 2007 をもとに筆者が整理）

③ 「音声から文字への５ステップス」の指導（小学校）

1 ５ステップスによる段階的指導のあり方

　上記の「５ステップス」は、小学校担任による指導で、音声から学んだ生徒を対象とし、以下の３つの C を基本としています。

　Classroom（40 人学級で、担任が取り組む文字指導）
　Communication（友だちとペアワークやグループワークでできる文字指導）
　Cognition（音韻や音素・パターンに気づくよう、生徒の認知力に深く働きかける指導）

　日本語を理解の土壌としている生徒が学ぶことや、小学校のカリキュラム（例：小学校３年生は

国語でローマ字を学ぶ、4、5年生では、社会科等で、大文字の頭文字での表記に親しむ機会が多い等）を踏まえ、大人向けのフォニックス・シークエンス（フォニックスを教える研究成果に基づく順番）を部分的に入れ替えて、生徒の学びやすさを観察した上で、学級担任の教えやすさを重視して作成しました。例えば、音節の操作では左から右へと分解させるほうが最初は適しており、フォニックスの音読みを学び始めた学級では「先頭音」に気づかせる活動（音探しや単語ペア探し）が教えやすいといった視点です。

5ステップスでは、「音声から文字への5つの段階」のうち、1〜3ステップの内容をさらに細分化しています。4〜5ステップは、中学校段階に適しています。Bear et al. (2007)による指導法や、オーストリアの小学校3年生の副読本 *LASSO Englisch 4* 等の指導やワークシート構成を参照することにより、「なぞる」「覚える」「写す」といった指導のみならず、「探す」「似ているものを見つける」「組み合わせる」「歌や音声から拾い出す」「コミュニケーション活動をとおして出会った表現を書き写す」といった、高学年らしい認知能力を必要とし、ペアやグループで行う活動を取り入れました。「友だちと助け合い、手間ひまをかけて学ぶ」ほうが、理解への認知的手続きを要するため定着が早いと考えられます。

ステップ1：音韻を体で感じる、歌の同じ響きで指を折って数える、絵本を聞く（一部を声に出して真似る）

ステップ2：音韻の場所を耳で確かめる、音韻に合わせたおはじきの操作、アルファベット大文字の形認識、名前読み（A、B、C/ ei、biː、ciː）、歌や絵本を聞く

ステップ3：音韻を感じ syllable の拍をとる、アルファベット小文字の形認識、音読み（a、b、c/ æ、b、k））、先頭音と文字の一致・絵本を聞く

ステップ4：先頭音（b）の聞き分け（例：bag、box、cat）、アルファベット大文字と小文字の一致、9つの音素認識（例：sh、ch、ee/ ʃ、iʃ、iː）、絵本の短い文を目で読む（クローズド・タスク）、9つのサイトワード（例：You、is）・短い単語の写し書き

ステップ5：語尾の聞き分け、オンセット・ライム(f・ox)、母音の聞き分け（a、e、i、o、u/ æ、e、i、ɑ、ʌ）、本の短い文を目で読む（デコーディング）、最初の9つの音素認識（例：oo、wh、the/ u、w、ð）、絵本で音素のルールハント、次の9つのサイトワード、短い文の一部分の単語を書く（サイトワードとは、フォニックスどおりには読めないが、機能語等 "I、You、He、She、They、We、that、a、the、What、am、is、of 等" でよく使う単語を、見ることによって覚えると良い単語である。例えば、絵本で "What" と使われる場合は、"What" "He" などは文頭で使うので、大文字のままのカードで見せる）→（ステップ5は中学校でも指導）。

2 「音声から文字への5ステップス」の活動例（小学校）

5ステップスに即した活動を紹介します。各活動は8分程度で2回ずつ程度行います。

◆1 音韻認識を育てる活動例（ステップ1、2から）

　　花いちもんめ：歌やチャンツを聞いて同じ響きのところ
でステップして前へ、後ろへ動きながら、似ている「音韻」
を体で感じる。

例：Fox mox in the box.（ライム /-ox）

　　Fat cat sat on the mat.（ライム /-at）

花いちもんめ

◆2 音韻認識を育てる活動例（ステップ1、2から）

　　おはじきゲーム：同じ音韻が繰り返し出てくる歌に耳をす
ませて聞き、同じ響きが何回あったか、耳と手で呼応させる。
文字は見せない。

　　下の例（歌）では、ice cream で馴染みのある -ice が繰り
返し出てくることに気づかせ、同じ音韻が出てきたらおはじ
きを動かす。

おはじきゲーム

例：Mrs. Price had two pet mice、very nice、two pet mice.

◆3 音節（シラブル）の活動（ステップ2から）

　　絵本で馴染んだ、1音節・2音節・3音節の単語を聞かせて、
音節の切れ目やアクセントに気づかせる。文字は見せず、絵
だけを見せて手やカスタネットで拍をとる。文字は見せない。
強拍では強くしたり高くしたりする。

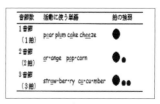

シラブルの活動

◆4 ABCDカルタビンゴ（大文字）

　　教師は黒板にアルファベットのカードを1枚ずつ順に並べる。子どもは4人グループで
ABC カルタを並べる。

① ABC ソングを歌う。

② 26 のカードから9枚選び、3×3に並べる。

③教師は、生徒を指名して "What's your name?" と聞く。"I'm Mei." と答えたら、
"Mei, M, M, beginning with M." と言いながら、ビンゴゲームで裏返す。生徒のイ
ニシャルと A~Z を結びつける。残った Q や P などはキャラクターや外国の人の名前
を使うと良い。"What's your name?" "I'm Peter."

アルファベットを書く活動

これまでの活動を経験してから、A ～ Z を正しく書く練習をする。

①書き順を学ぶ。エアー・ライティング（空中で指でなぞる）と併用する。

②4線に正しく書く。

　4線の間は上から、建物の「2階、1階、地下」で意識させる。

③ペアで背中や手のひらに大文字を書いて当てる。

アルファベットビンゴ

❺ アルファベット・ジングルの帯（小文字）

アルファベット・ジングルを聞き、絵の単語カードを使ってグループでチャンツに乗せて言う活動で音に慣れ親しむ。アルファベットの小文字の帯で、26 文字の音の特徴が定着するようにする(右図)。その際、日本語と異なる音の出し方に注意を向けると良い（例：<u>f</u>ish, <u>r</u>abbit, <u>u</u>mbrella）。有声音（音を出す時に喉に手を当てると震える音 a, b, g など）と、無声音(音を出す時に喉に手を当てると震えない音：c, f, h など)の区別を、〇と●印で示しておくと、発音する時にわかりやすい。母音（ここでは a, e, i, o, u）にも印をしておくと良いが、英語らしい音の出し方は、音源を活かし中学校の英語指導との連携をはかる。

小文字の帯
〇印は有声音、●印は無声音

❻ Odd-One-Out（先頭音）

文字を見せずに、3つの単語を聞いて(例：cat, ball, bat)、先頭の音が1つだけ違う単語を選ぶ。その後に単語の文字を見せて、アルファベットの音と先頭の文字を結ぶ。

単語の音声を聞いて、先頭の音に合う文字を選んだり、文字と絵を結んだりする(例：絵を見て➡□ og: dog　□ at: cat　□ en: ten)。

同じ先頭の音で始まる単語を集める(例：p で始まる➡ pen, pig)。

先頭の音が違う単語の聞き分け

❼ 先頭音と文字の一致（ステップ3から）

ティク・タク・トゥ：2グループ対抗で、動物の単語を並べ、スポンジボールを的にあてる。D、Dog の「的」に当たると裏返す。先頭文字（音読み）がグループで発音できると「〇」として陣取りをする。3文字単語は、小文字をもちいて始める(例：d, d, dog)。

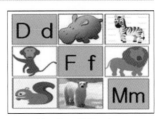

ティク・タク・トゥ

❽ 絵本のクローズド・タスク（ステップ4から）

　　クローズド・タスク：6つ程度の音素から推測して、読める絵本（decoding を目的とした絵本）を選び、そこに含まれる音素カードのマッチングゲームを行う（例：foot の絵と -oo-, u）。その後に絵本を読み聞かせ、ルールハントを行う（インプットの中で耳でわかるかたまりの音（音素）、-oo-, -at 等のルールが何回出てくるか見つける）。学んだルールを見つけながら読むという自己効力感を自分で感じるような手法でデコーディングを行う。

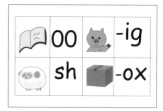

クローズド・タスク

❾ オンセット・ライムと分化（ステップ5から）

　　オンセット・ライム：1ペアに26のアルファベット小文字を1つ渡す。教師が絵カード fox や dog を見せ、その文字を持っている生徒は前にスペリング順に並ぶ。オンセット・ライム（例：先頭音 f ＋語尾 -ox の組み合わせである）を視覚と音の組み合わせで学び合う。

オンセット・ライム

❿ 音節（シラブル）の分化と結合（ステップ5から）

　　チョップ・スティック・ゲーム：トレーシングペーパーで身の回りの英語の単語集めをする。お菓子の箱などから単語を切り抜く。教師は、よく使う音素（例：ch/sh/th/oo/ox/er/ee）が入っている単語を選んでプリントを作り、音素の前後に波線を入れる。波線箇所でばらばらにちぎり、その音素ピースを後ろの机に山盛りにする。お箸をバトンとし音素ピースを取ってくる。班で協力して元の単語に再現する。単語が先頭音や音素のかたまりから出来ていることを学び合う。

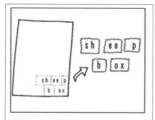 

音素合成からのチョップ・スティック・ゲーム

⓫ デコーディング（ステップ5から）

　　絵本を活用したデコーディング："I can read" の例としてアフリカの動物や子どもが出てくる絵本 *Handa's Surprise* を読み聞かせ、繰り返しのある内容に親しんでから、デコーディングをする（例：The elephant eats a mango.）。この活動は話を覚えるぐらい慣

れ親しんでから行い、さらに地球と動物たちや食物連鎖の内容に活動を拡げることができる。他の絵本でも慣れ親しんだ表現が繰り返し出てくるものが良い。

デコーディング

英語に初めて出会う生徒は、少しでも意味のある活動の中でアルファベットに出会い、友だちと関わるペアやグループ活動を行うことが大切です。デジタル教材やビデオを視聴するだけでは、英語の文字が自分の身の回りと結びつきにくいものです。" How are you? "と気持ちを聞き、"I am great. "とやり取りをした後に、生徒に1人1枚文字と絵をなぞって描かせ、それを学級掲示などに生かすこともできます。

How are you?

3 「書くこと」の活動例（小学校）

① 文字の形認識の活動

- アルファベットの大文字の形認識は、生徒のイニシャル、街の看板や社会科などで触れる文字を日常生活から探し、大文字リレーなどで親しませる。A ～ Z の順を学び文字をなぞる際に、線対称の大文字や点対称の大文字探し、ペアで「指文字クイズ」など、多感覚を使って体験的に学ぶと良い。
- アルファベットの小文字の形認識は、大文字の形認識が定着してから行い、4線のどの空間を使うか、体を使った動作で体験してから書き写すと良い(a は1階で座る、b は2階まで使うので背伸び、g は地下まで使うので床に手を付く等)

② 書き写す活動

- アルファベットの小文字を使って綴りを学ぶため、3文字程度の単語と文字を結ぶ活動。単語をなぞったり、文字をリストから探して書き写したりする。カタカナの振り仮名は使わず、アルファベット・ジングルを生かし、ある程度規則どおりの音声と英語の綴りを直接結び付けるようにする。

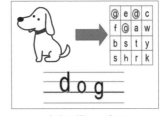

文字を探して書く

- アルファベットの音では読みにくければ、生徒が言語活動でよく触れる単語(例：What, I, You, can)等は、目で見て覚える「サイト・ワード」として親しませる。

❸ 意味のある場面での書き写す活動

やり取りのある活動(例：自分の1週間の時間割や活動を伝える)では、書き写す分量をあまり多くせず、コミュニケーションを目的としたワークシートにし、フレーズリストから選ばせると良い。言語活動をとおして慣れ親しんだ短い文を1つ選んで書き写す。

On Monday I (play ping-pong.)
4線に、選んだグレイの字を書き写すイメージ。
play ping pong / sing a song などリストを下に示す。

選んで書く活動

④ 「音声から文字への5ステップス」の発展例 (中学校の文字指導)

文字指導には小中の連携が欠かせません。英語の音と文字に関しては、英語らしい音の創り出し（発音）と、音声と文字の結びつきの導入に分けられます。両方を支えるのが音韻・音素認識の指導であり、その際、小学校と中学校両方で互いの「乗り入れ指導」を行うことが大切です。より分析的になる中学校では、再度音声から復習し、体系的に学ぶ指導が必要となります。外国語活動がスタートしてからは、すでにアルファベットや簡単な単語を書けるようになって入学してくる生徒が増えましたが、大文字と小文字の違いが曖昧であったり、bとdを書き間違えたりすることも少なくありません。入学時には、ステップ3、4のアルファベットの音読み・先頭音・語尾音の聞き分けから、中学校らしい指導によって復習するところから始めましょう。

❶ 小学校との連携（アルファベット指導）

中学校の最初は、小学校で音声からの文字指導に多少触れていることを想定して、ステップ3、4のオンセット・ライム活動の復習からスタートすると良い。その際、アルファベットテストを単調に繰り返すようなことは避け、活動の中で定着させていけるよう、音を聞いて書く活動等が望ましい。

文字の真ん中の母音に
注目させる活動

❷ ことばの結びつき

　ことばは、文法や語彙などの形式と意味と機能の結びつきがあって初めて身につくものであるため、音声から意味・文字につなげていきます。「記憶力を鍛えることで英語の成績が伸びる」＝「英語が得意」とは言えません。形式と意味がどう機能して会話となっているかを知り、「使いながら学ぶ」を意識することで、試験や受験にも十分対応できる力を身につけることができます。

❸ トップダウンとボトムアップ

　読む・書く力の習得のためには、明示的に音と綴りのルールを指導していく「ボトムアップ」と、生活の中で文字に親しみながら気づくよう、文字を機能的に使用し示していく「トップダウン」が必要となります。それぞれの活動例を紹介します。

読む・書くスキル習得のイメージ図

ボトムアップの活動例

・明示的な音韻認識指導・フォニックス指導

　5ステップにおいて音韻認識を育て、フォニックスに触れたことを引き継ぐ形で、中学校ではまとまった長さの文章を読むことが目標となります。生徒は、工夫された活動の中で、ルールを体系的・明示的に学んでいきます。中学1年生で大まかに知っておきたいルールを表2に示します。1年生で終わらず、2、3年生になっても何度も復習をしましょう。その時期に応じて納得したり疑問に思ったりするポイントが出てきます。

表2　中学校1年生で知っておきたいフォニックスのルール

①	アルファベットの音	a, b, c
②	短母音	cap, run
③	マジックE（語尾にeのついた母音）	make, tone
④	ダイグラフ（二文字母音）	ie, ue, oo, ee
⑤	二文字子音	wh, ch
⑥	連続子音	gr, spr
⑦	語尾にrのついた母音	ar, ir

上記の中から③④⑤⑦の4つについての活動を紹介する。

③ マジックE（語尾にeがある場合に、その前にある母音の発音が変化します。例えばcutのuは(ʌ)という短母音ですが、後ろにeが付くとcuteとなり、uは(juː)と変化します。)

教室内でマジックEを探す活動として、name、tape、time mate、paste といったヒント
カードをあちらこちらに貼り、1分以内にいくつ探せるか、グループ対抗ゲームを行います。また、
次のようなワークシートを使って、空欄に当てはまる語を探す活動も良いでしょう。

マジックE探しゲーム

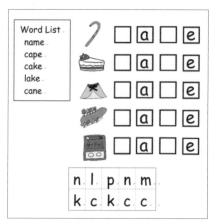

マジックEを完成させよう

④ ダイグラフ(ue のように、母音が2つ並んでいる
　場合、前の u だけ、名前読みをし(u:)、後ろの e
　は読まないというルール。

ダイグラフのフラッシュ教材例

・ rain(rein)、glue(glu:)など音声・絵・文字を3つ一緒に頭に入れていけるようなフラッ
　シュカードで、見て即座に言えるようになるまで繰り返します。

⑤ 2文字子音 (c は (k)、h は (h) という音ですが、
　2つ続くと ch (tʃ) という別の音を作ります。他
　には wh (w) や th (θ、ð) などがあります。)

・ Where is 〜？と問いながら、部屋の中のグッ
　ズを探していく ICT の教材例です。物を動かす
　と下から探し物が出てきます。パワーポイントで
　製作し、アニメーションを付けたり、マウスで動かしたりすると良いでしょう。

・ th-i-nk (θ-ɪ-nk) など単語を1音ずつに分けて2文字子音に気づかせる活動では、手を
　叩いたり、下図のようにボックスに書き込んだりするとわかりやすいでしょう。

⑦ r のついた母音(母音の後に r が付くと、その前の母音の音が変化します。例えば car(ɑ:r)、
　girl(ər)などがあります。)

・聞き取り&書き取りクイズ

　単語を聞きながら、写真と文字をた
よりに書き取ります。右図のワークシート
は、-ar という語尾の音を聞き取るもの
です。はじめは絵や写真を使い、小学校
で習った語を中心に聞かせるようにして、
次に、音声のみ、文字情報で探すように
します。

聞き取り&書き取りクイズ

　ボトムアップの指導には、これらのフォニックス活動のほか、音韻認識を育てるための活動が
あります。beau・ti・ful、care・ful・ly など、語を分解したり、合わせて別の語を作ったり
するような活動を取り入れます。

・視覚を利用したフラッシュカード

　文字の情報のみだと英語が苦手な生徒には頭に入りにくく、ただ繰り返すだけになるため、
記号と絵のヒントを入れます。また、音読みは●、
名前読みは△、フォニックスで学んだルールは○、
例外は×など記号を決めて提示します。

フラッシュカード例

・単語練習ワークシート

　従来のワークシートに、簡単な絵を加え、視覚情報と文
字を組み合わせて定着をはかります。フラッシュカードの
ような記号を加えても良いでしょう。

単語練習ワークシート

トップダウンの指導例

・絵本をもちいた指導

　絵本を読み聞かせる際に、最初にターゲットフレーズを
提示し、そのフレーズが聞こえてきたら手をあげる活動を
取り入れます。繰り返されるひとまとまりの表現は記憶に
残りやすいでしょう。 その後、文を読んでいきます。

絵本例

・ワードルールハント活動

　グループで、本の中から同じルールを持つ語を集めて並べていく活動です。絵本は、絵
を省けばかなりの長文であるため、このような本を使った活動はその後の長文読解力育成
につながります。

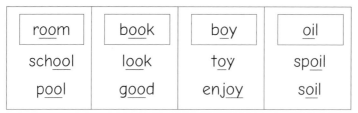

r<u>oo</u>m	b<u>oo</u>k	b<u>oy</u>	<u>oi</u>l
sch<u>oo</u>l	l<u>oo</u>k	t<u>oy</u>	sp<u>oi</u>l
p<u>oo</u>l	g<u>oo</u>d	enj<u>oy</u>	s<u>oi</u>l

ワードルールハント活動

• 絵や写真を使った指導

　ストーリーの一場面の絵や写真を見ながら文を完成させます。右の問題は、文だけで見るとテストのようですが、写真と組み合わせて答えを探すことで、クイズを楽しみながら学習ができます。学校や教師の写真など身近なものを使うと楽しく行えます。

写真を見て文を完成させよう。

He is playing　（　　　　　　　　）.
His uniform color is　（　　　　　　　　）.
His uniform number is　（　　　　　　　　）.

写真を見て文を書くワークシート例

　ステップ5の発展編として、中学校では、文脈の中で文字のルールを応用する文字指導や、辞書を使った指導を行います。例えば以下のような活動です。

• ワードビンゴ

　生徒とやり取りしながら単語やフレーズの意味を確認したり、文の中に語を当てはめて文にします。また、クイズ形式で歩き回って会話したり、工夫次第であらゆる活動ができます。

I like_____.		She likes_____.		He likes_____.
music	spaghetti	science	shopping	cats
badminton	English	judo	table tennis	art
baseball	soccer	🐼	kendo	fishing
skiing	car	sumo	bike	TV
swimming	volleyball	computer	tennis	movie

単語を入れて文を完成させるビンゴ

• 辞書指導と発音記号

　文字指導において、辞書指導は欠かせません。1年生でフォニックスルールを学ぶと、辞書に載っている発音記号を読めるようになります。2年生になると教科書の発音記号を使って、自立して単語を読むことができます。b [b]、f [f]、p [p] などは、アルファベットの小文字とフォニックス

聞こえてくる単語の発音記号はどれだと思いますか？順番に番号を書きなさい。

[æ] [dʒ] [ɔ]
（　）（　）（　）
[ʌ] [j] [ʃ]
（　）（　）（　）

発音記号クイズ

の音読みの発音記号が同じです。J は [dʒ]、x は [ks] 、y は [j] と表すことを知っておくと、その後の学習に役に立ちます。他にも a [æ]、[ŋ] など、生徒がイメージしやすい音もあり、辞書で頻出する記号は、視覚と音で親しませます。文字指導は長い時間がかかりますが、少しずつ定着させていくことが大切です。

Chapter 5

CLILの模擬授業

① 教員志望学生への教科教育法と CLIL 講義

　文部科学省から発表された教員養成課程の小中高の教員志望学生への講義に関するコア・カリキュラム（文部科学省、2016）のポイントを以下にまとめます。コア・カリキュラムでは、教員としての実践的英語力や4技能の習熟が基本となりますが、全体に、実演をとおして指導技術を学ぶことや模擬授業の経験が重視されています。

【コア・カリキュラムのポイント】

- 5つの領域（聞く・話す（やり取り・発表）・読む・書く）の指導技術を、実演をとおして学び、模擬授業等の中で効果的に使用する。
- 授業作りを行い、教材研究・ICT の活用を行う。
- 生徒の発話や行動に対する即興的な反応ができるようにする。
- 年間指導計画・単元計画の作成、授業の組み立てをし、指導案を作成する。
- 5つの領域の総合的な評価を理解する。パフォーマンス評価やテスト作成を含む。
- 英語指導の専門知識に習熟する（第二言語習得理論　音声指導　文字の指導など）。
- コミュニケーションを支える文法の指導について実演をとおして理解する。
- 小・中・高等学校連携やカリキュラム・マネジメントを理解し年間計画を練る。

　筆者らは、大学における「小学校英語科教育法」で、理論と実践の往還をすること、全員がグループで模擬授業を2回行うこと、異教科・異校種でグループを編成することを取り入れています。2回の模擬授業ではおおむね英語をもちいてテキストに沿った指導案作成と言語活動のアクティビティ、さらに、CLIL を取り入れた授業を実施することができるようになります。

授業の概要	21 世紀の国際社会を担う子どもを育てる教員として、グローバルな視野で日本の教育の在り方を捉えられるよう、PISA 型学力や小中連携の英語教育課題を学ぶ。ICT を用いた教材作成や英語で他教科の内容を指導する方法を学修し模擬授業を行う。これらのアクティブ・ラーニングを通して「教える英語力」を身に付ける。		
授業の計画	第1回	国際比較における小中連携の教育課題の概要	第9回	Consciousness Raising Task
	第2回	授業実践ビデオ　PISA のコンピテンシー解説	第10回	音韻認識・文字指導の実際
	第3回	第二言語習得理論 Input & Interaction 小学校英語科模擬授業（1）	第11回	クロスカリキュラム&CLIL 海外におけるクロスカリキュラム
	第4回	Output 小学校英語科模擬授業（2）	第12回	CLIL&模擬授業・校内研修（1）
	第5回	Interlanguages 小学校英語科模擬授業（3）	第13回	CLIL&模擬授業・校内研修（2）
	第6回	Classroom English/Teacher Talk	第14回	CLIL&模擬授業・校内研修（3）
	第7回	校内・自治体研修の実演デモ（指導者/招聘講師）	第15回	グローバルコンピテンシー
	第8回	Noticing & Focus on Form 中学校英語教育		パネルディスカッション/プレゼン
評価の方法	プレゼンテーション・指導案 (30%) リスニングチャレンジ (20%) Teacher Talk・パラグラフライティング (20%) 模擬授業・協同学習への貢献度 (30%)		

シラバスの例

② 「小学校英語科教育法」での授業の進め方

1 受講生の専門教科意識

　最初に学生に"What subject do you like the most?"と英語で聞き、さらに小学校の時に好きだった教科は何か尋ねます。例えば、理科の実験が好きな学生は、体験型の学習はなぜ面白いのかを考えさせます。その後、グループで理想の時間割を作って英語でプレゼンをします。理想の時間割には、複数の教科を統合したものを入れるようにします。

　自分の専門性を意識して自分の貢献ポイントを知ることがCLILでは重要で、「英語の色の勉強と図工の内容を重ねてはどうか」「酸性とアルカリ性の実験と色の勉強を重ねてはどうか」といった意見が出てきます。

2 CLIL授業作りとグループ形成

　CLIL授業は、アクティブ・ラーニングで行うことが必須です。まず、4人グループと4人の役割(例：Leader・Ambassador・ICT・Writer)をフェアな方法で決めます。Ambassadorは他グループとの交渉担当で、ICT担当はPCをグループに1台準備します。その場で出会ったメンバーと互いに意見を尊重し協働することは、グローバル教師としての基本コミュニケーション能力です。

3 CLIL指導の実際と4Cの分類

　本書のLesson例を通じて4Cの紹介をします。自校の先輩のCLIL授業映像があれば、一層臨場感があります。3分程度に編集をしておきます。

　Chapter 1「CLILの基本」を使って、基本概念を簡単に教えます。まず、CLILの授業が、PISA型学力や21世紀型スキルを育てるために25年前から取り組まれていることを伝えます。実践例や映像を紹介する前に、4Cを確認し、「4Cカテゴリーワークシート」をグループに1枚渡します。

CLIL授業ビデオ	Content 内容	Communication コミュニケーション	Congnition 認知思考	Community・Culture コミュニティ 異文化 地球市民意識
「水の大切さ」本著 Lesson 1				
「Mottainai」は地球を救う」本著 Lesson 2				
(　　　　)				

4Cカテゴリーワークシート

映像を見た後に、どの場面が4Cに該当するかを話し合わせます。初めてCLIL授業を見た学生は、すぐには「Cognition(思考)」や「Community(地球市民意識)」がどの場面であるかが区別できないこともあるので、じっくり時間をかけます。

4 大学教員によるCLILデモ授業

　学生らは生徒の立場になって、大学教員のCLILデモ授業を受けます。ペアワークやインタビューをとおして「気づいたり思考したりする授業」の面白さを体験します。併せて、本書に掲載した "Classroom English" や "Teacher Talk" について学びます。グループ活動では大学教員がファシリテーターを務め、授業後に、生徒中心のアクティブ・ラーニングでは教師はどのような役割をするのかに気づかせると良いでしょう。例えば、「答えを与える代わりに、"How of learning" になるよう別の質問を投げかける」「生徒の良い発想に、その場で前向きなフィードバックを与える」などの役割です。英語で行うほうが望ましいですが、「思考」を働かせる場面では母語使用も必要となります。

5 学生によるCLIL模擬授業作り

　初めてCLIL授業を行う際は、取り組みやすい題材と言語材料を組み合わせて、リストから選ばせます。CLILのテーマごとに教科の組み合わせを提示し、教科書やインターネット素材ですぐ使用できるオーセンティックな教材（実験・絵本・映像・統計グラフ）を選んでおきます（下表参照）。この方法の意義は、各グループが行う模擬授業に全員が参加できるので、バラエティのあるCLIL授業を体験できることにあります。また、模擬授業では、「導入＝インプット～インターアクション」か「展開＝インターアクション～プレゼンテーション」かを設定し、1グループ15分程度の発表について指導案を作成・配布させます。

　最初は学生たちは考え、迷いますが、教員は学生たちの力を信じて、資料になるサイトや本を紹介し方向性を助言する程度にとどめます。その際、各グループを回り、よく会話をしているか、どんなことを考えているか聞くようにします。

　2回目の授業の最後にAmbassador担当は集合して、進捗と課題について交流します。その後、他班の工夫を各グループに持ち帰り、次の提案をします。自らのグループが停滞しないように情報を交換することが役割となります。教員は多く介入せず、学生同士を出会わせるようにします。

テーマ	グループのミッション	予想される 教科・材料	目標表現	難易度
地球を考える	地球の環境のためにできることに気づかせる。 カテゴリー思考をいれる。	総合×英語 実物・絵本	What can I do? I can+ 動詞フレーズ	★★
マイ・デザイン	多重性知能（絵画的知能）をつかう。 色の対比・混色 創造（Creation）場面を入れる。	図工×英語 パワーポイント 色画用紙	What color (shape) do you like ?　I like purple (ovals).	★★
日本のおすすめ タウン	有名な町（大阪）を選んで紹介する。 自治体パンフレットを活用。 大阪に来る観光客グラフ 案内やアピールを入れる。	社会×英語 地図記号 グラフ　食べ物	We have Osaka Castle. Hideyoshi lived there. Osaka ranks 1st as a tourist place for Asia because ...	★★

体育CLIL	体を動かす(TPR)。 オリンピック・パラリンピックを題材に映像を見せながら Teacher Talk をする。	体育×英語 WEB映像	I like volleyball. (Members・Tools Movement・Team Work)	★★
理科CLIL	理科の実験をつかって科学的思考をひきだす。 予想―実験結果を整理する。	理科×英語 実験道具 マトリックス	＊表現は題材によるが、実験手順・ 　マトリックスを説明する。 　(例：put A into B)	★★★
落語・ 演劇CLIL	ストーリー展開のおもしろさを聞かせる。 「展開」「おち」に気づかせる： ロールプレイ場面を入れる。	国語×英語 ストーリー リテリング	＊表現は題材による ＊生徒に合わせてリテリングする。	★★★

小学校4～6年生を想定した模擬授業リスト例（6グループの場合）

③ 学生による CLIL 模擬授業例

　CLIL 講義では、様々な観点をもとに学生らが専門教科を生かせるため、講義外でもグループで集まり、熱心に議論する様子が見られます。

　学生らが作成する模擬授業は、指導する生徒（ここでは小学校高学年）の年齢や英語力に合わせて、非常によく練られています。CLIL では、言語の構文はシンプルでも正しく、内容の深さは保つということが大切です。次の実践例は、本来は複雑な英語になるところを、シンプルな表現をもちいて思考が深まるように考えられたものです。

◆ 学生によるCLIL模擬授業のテーマ例

「紫キャベツを使った
　酸とアルカリの学習」
紫キャベツの抽出液を使って、レモン水、石鹸水などの酸性とアルカリ性の実験を行い色の順を考える。その色を使って紫陽花のフェルトを染める授業。

「ソーラー・システム」
太陽系の中の地球と、他の惑星の関係を、大きさ・温度・太陽からの順番で並べ替える授業。大きな数を英語で表すのは難しいため、縮尺で視覚的な教材を作成した。

「地球上のエネルギー」
国別にどのようなエネルギーを使っているか調べ、4つの国の有名人が自国のエネルギーに資源について語る。日本のエネルギー割合と比べ、「エネルギーのものさし」として教材化した。

◆ CLIL模擬授業の指導案例（「明かりをつけよう」理科×英語）

　この模擬授業では、クリスマスというテーマと理科の実験をうまく組み合わせています。仲間と議論を交わしながら授業を作り上げていく経験は教壇に立った時にも役立つでしょう。

内容と使用する表現	授業の進め方	準備物
electric circuit （電気回路） "Does the light turn on or doesn't it work?" ruler, clip, spoon paper eraser coin	①乾電池と豆電球をどのように繋いだら明かりがつくか考える。 ②回路に身近なものを入れるとどうなるか予測し、実験することで、電気をとおすものととおさないものがあることに気づく。 ③日本で使う電池と外国で使う電池の違い、コンセントのプラグについて学ぶ。 ④「電気がつく」「電気がつかない」という英語表現を知り、それらは日常生活において、どのような場面で使うことができるか考え、実際に話してみる。	・ペットボトルを使ったクリスマスツリー ・電気回路 ・ワークシート（次ページ参照） ・書画カメラ

【模擬授業後の学生の感想より】

・電気は身近なものであり、生徒が小３で一度習っているため、内容的にはそれほど難しくはないが、使う言葉を選ぶことや言葉を印象付けるためにはどうしたらよいかを考えることが大切だと感じた。

・急な質問に英語で答えることが難しく、準備不足であった。予期せぬアクシデントにも対応できるようしっかり準備をしておこうと思った。

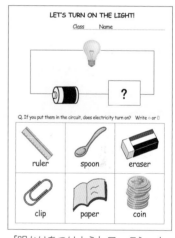

「明かりをつけよう」ワークシート

　学生らに英語で授業をすることを教えると、「今まで英語が苦手で、勉強してきたことは役に立たないと思っていたのに、自分が勉強してきた英語が、実は頭のどこかに残っていて、英語がわかると感じました」と返ってきました。彼らは実は英語が苦手なのではなく、「英語を使うチャンスがなかった」だけなのでしょう。まだ実際に生徒たちを前に授業をしていない学生が CLIL を扱うのは一見難しいように見えますが、彼らは非常に柔軟で、形にとらわれないアイデアや、ハッとさせられるような斬新さを持ち合わせています。自分の経験にはなかった新しい指導法である CLIL に挑戦することは、大きな意義があるでしょう。

Classroom English

英語活動での挨拶やアクティビティを進める時の雰囲気作りに使える表現です。文末に please を付けるなど、温かい気持ちを表現しましょう。

Level 1　あいさつ・コミュニケーションで雰囲気作り

英語の授業では、子どもたちがわくわくして授業が受けられるよう、明るく話しましょう。

What's new? What's up?	何か変わったことはありましたか。／元気ですか。
Is everyone here?	みんないますか。
Let's start the lesson.	授業を始めましょう。
Who's absent today?	今日、お休みしている人はいますか。
Just a minute.	ちょっと待ってください。
Are you ready?	準備はいいですか。
Good job! Well done!	よくできましたね。
Good answer.	いい答えですね。
You can do it.	君ならできるよ。
Stand(Sit) up straight.	まっすぐ立って（座って）ください。
Look up.	顔をあげてください。
Do *janken*.	ジャンケンをしてください。
That's right.	正解です。
Close!	おしい！
It's OK to make mistakes.	間違えても大丈夫ですよ。
Take your time.	あせらなくていいですよ。
It's a tie.	引き分けです。
Go ahead.	どうぞ。
Hand in your homework.	宿題を出しなさい。
Take out your book.	本を出しなさい。
Push your chair in.	椅子を入れなさい。
Any other questions?	他に何か質問はありますか。
Thank you for your help.	手伝ってくれてありがとう。
Come to the front.	前に来てください。
Let's review today's lesson.	今日の授業の復習をしましょう。
What did you(we) study today?	今日はどんなことを学びましたか。
That's all for today.	今日はここまでです。

Level 2　Activity 時の指示も英語で

　活動時に英語で指示を出すのはとても大切です。短い言葉でわかりやすく話し、いつも同じ表現を使うようにすると、子どもたちも自然に動けるようになってきます。覚えてしまえば、自然に口から出てくるようになるでしょう。

First, work in pairs.	最初にペア活動をしましょう。
Go on to the next activity.	次の活動にいきますよ。
I'll give you five minutes.	5分間あげます。
Time's up.	時間です。
Switch roles.	役割を交代してください。
Make two lines.	2列になってください。
Make groups of four.	4人グループになってください。
Write your answer on the board.	黒板に答えを書いてください。
Read out loud.	大きな声で読んでください。
Read silently.	静かに読んでください。
Memorize the words.	その語を覚えてください。
Roll the dice.	サイコロを振ってください。
What did you get?	何が出ましたか。
Bring me the cards.	カードを先生に持って来てください。
Turn over your cards.	カードを裏返してください。
Fold it in half.	半分に折ってください。
Who wants to go first?	誰か最初にやりたい人はいますか。
Who knows the answer?	誰か答えがわかる人はいますか。
Any volunteers?	やりたい人はいますか。
Go forward (back) two spaces.	2マス進み（戻り）なさい。
It's your turn.	あなたの番です。
Go back to your seat.	席に戻りましょう。
Listen to the CD carefully.	CD を注意して聞いてください。
Look at the screen.	スクリーンを見てください。
How do you spell "kitchen"?	キッチンはどうつづりますか。
Add something.	何か付け加えてください。
I'll give you an example.	例をあげましょう。
I'll give you three hints.	ヒントを3つあげましょう。
Pass out the worksheets.	ワークシートを後ろへ回してください。
I'll ask you some true or false questions.	○×クイズをします。

Level 3　Teacher Talk を聞かせて生徒たちに考えさせ、発話を引き出そう

　生徒たちの思考を促し、考えながら話させるためには教師側から発問を工夫する必要があります。Yes, No で答えられる質問以外に、自分の意見を持ち、それを伝えるような機会をたくさん作ってあげましょう。答えが浮かんでいるのに、英語でどう表現していいかわからない時は、"Do you mean …?"と助け船を出したり、"You can say in Japanese." 等と母語で話すように言ったりしてみましょう。生徒が考えたことを話したくなるような雰囲気作りが大切です。

How do you say ○○ in English?	○○は英語でどう言いますか。
Please speak more slowly.	もうすこしゆっくり話してください。
What does that mean?	それはどういう意味ですか。
Do you agree with that opinion?	その意見に賛成ですか。
How do you feel about this?	そのことについてどう思いますか。
What are your ideas?	あなたの考えはどうですか。
In my opinion 〜	私の意見としては〜
Which one do you like?	どちらが好きですか。
Which answer do you think is right, A or B?	A か B かどちらが正解だと思いますか。
Why do you think that?	なぜそう思うのですか。
Tell the class your answer.	クラスのみんなに答えを言ってください。
Guess what it is.	それが何かあててごらん。
I'll show you how to do it.	どのようにするかやってみますね。
What is difficult for you?	どこが難しいですか。
Did you do your best?	ベストをつくせましたか。
What is your answer for No.7?	7番の答えは何ですか。
What is the difference between A and B?	A と B の違いはどんなところですか。
Why did you choose that?	なぜそれを選んだのですか。
Which answer do you think is best?	どの答えが一番いいと思いますか。
Can you play the piano?	ピアノは弾けますか。
Have you ever been to Hiroshima?	広島に行ったことはありますか。
Tell your idea to your partner.	ペアの人にあなたの考えを話しましょう。
Talk about it with your partner.	ペアでそのことについて話しましょう。
Good thinking!	よく考えていますね。
Interesting opinion!	おもしろい意見ですね。

第2部

実践編
CLIL に基づく小学校・中学校の授業案

イラスト：伊藤由紀子

Lesson 01 Importance of Water 「水の大切さ」 高学年

　小学校4年生では「自分たちのくらしと水」について学びます。小学校5年生では、「世界の国の人々のくらし」や、「のみ水」が簡単に手に入らない国の同じ年代の子どもたちの様子にも目を向け、地球のために何ができるかを身近なことから考えます。この授業は、ESD（持続可能な開発のための教育）でめざす、これからの現代社会の課題を自らの問題として捉え、身近なところから取り組むこと（think globally, act locally）についてのCLILからのアプローチです。

　まず、最初は水の量を知るために、「数」の表現に親しませます。児童の興味づけとして「カレー作り」に必要な水（バーチャル・ウォーター）の話をします。次に、「朝起きて何をする？」「歯磨きは何時にする？」"What time do you brush your teeth？"と生活と結びつけます。続いて、「水に関係ある動作」をジェスチャーで導入し、その際に「ペットボトル何本分の水を使うかな？」"How many bottles of water do you use？"と問いかけます。

1 このレッスンで使用する単語やフレーズ

numbers 1～100 　（1～100までの数）

What time do you get up? 　（何時に起きますか？）

I get up at 7:00 am. 　（午前7時に起きます。）

What do you usually do? 　（いつも何をしますか。）

I wash my face / brush my teeth / drink water / flush the toilet.

（顔を洗います／歯を磨きます／水を飲みます／トイレの水を流します。）

How many bottles of water do you use?

（ペットボトル何本分の水を使いますか。）

I use two bottles of water. 　（ボトル2本の水を使います。）

A bottle of water can hold 1ℓ. 　（ペットボトル1本は1リットルです。）

How much water do you use for brushing your teeth?

（歯を磨くのにどれぐらいの水を使いますか？）

Let's calculate. 　（計算をしましょう。）

X plus Y equals Z. 　（XたすYはZ）

X times Y (X multiplied by Y) equals Z. 　（XかけるYはZ）

4C &ねらい

Content

- 自分が１日のくらしで、どのようなことに水を使っているかをあらためて意識する。
- 「カレー作り」に必要な水（バーチャル・ウォーター）の話を聞き、目に見えないところにも水が使われることを知る。
- 映像や、水の使用量のグラフを見て、世界の国の人々のくらしや、のみ水が簡単に手に入らない国の同じ年代の子どもたちの様子にも目を向ける。

Communication

- 「歯を磨く」、「手を洗う」、「お風呂に入る」といった１日の動作や時間について、ジェスチャーを楽しみながら、動詞を使った表現に慣れ親しむ。
- 「歯を磨く」、「手を洗う」、「お風呂に入る」際に毎日使っている水の量を、１リットルを基本に数字を使って表を作成し、その結果について友だちとインタビューし合い、似ている点や違う点について比べる。
- 計算をする場面で、友だちと協力し合って、自分が１日に使う水を計算する。

Cognition

- ボトル１本（１ℓ）をもとに、算数の計算スキルを使って、水の使用量を計算したり表や図に作成したりして、身近なデータをわかりやすく表現する。
- 自分のデータ（１日の水の使用量）と友だちのデータを比べながら、水が自分たちのくらしに欠かせないことに気づく。また、他教科で学んだ背景知識から、なぜきれいな水を使うことができるのかについて、あらためて理解する。

Culture / Community

- 身近なことから、地球市民として何ができるかについて考える。

What can you do for the earth?　— I can save water.

（地球のために何ができるだろう。一水を節約する。）

For example, I turn off the tap quickly.

（例えば、水道の栓をすぐにしめる。）

Cognition×Language Structure　思考×文構造

ティーチャートーク例	T	What time do you brush your teeth ?
	S	I brush my teeth at 7:30 am.
	T	Me, too.
	T	How much water do you use for brushing your teeth ?
	S	（ジェスチャーしながら）One cup?
	T	I am going to show you a table. Look at this and let's calculate.

③ 準備するもの

- 動作表現のピクチャーカード（wash my face / brush my teeth / drink water / flush the toilet / take a bath / do the dishes）
- 「カレー作り」に必要な水（バーチャル・ウォーター：食料を輸入している国（消費国）において、もしその輸入食料を生産するとしたら、どの程度の水が必要かを推定したものについてのティーチャートークで使う、カレーの具と水の使用量を表す数字
- 「1日の水の使用量」を計算するワークシート・友だちへのインタビューシート
- 「水が簡単には手に入らない国での、同世代の子どもたちの様子」に関する映像（例：『世界の果ての通学路』DVD）

④ 授業の進め方

▶ 水の大切さ

1時間目

	導入	カレーの具材とバーチャル・ウォーターについて知る。
	表現	水を使う場面と1日の動作表現を学ぶ。
	やり取り	1日にどれぐらいの水を使うかインタビューをし、1リットルの水を基準にデータ表を作成する。
	調べる	自分の生活と水の大切さについて考える、ある1日の水を使う回数を次回までに実感する。

2時間目

	復習と導入	「顔を洗う」などの表現を復習し、実際に使う日常の水の使用量（平均値）について聞く。自分のデータ表と比べる。
	やり取り	自分のある1日の水使用のデータ表をもとに、習った動作表現をもちいて友だちの水の使用量についてインタビューをする。
	考える	自分の水の使う量を知り、友だちと比べ、水の大切さについて自分ができる事について考える。
	視野を広げる	世界の水の事情やALTの国の水の事情について、映像などを参考に知る。

授業の
進め方 ｜ **1 時間目** ｜

((⟨⟨ 導入

Listen to the story and learn about "Virtual Water"
カレーの具材とバーチャル・ウォーターについてのトークを聞く。

T **What is this?**
カレーの写真を見せる。

What do you need to make curry and rice?
児童から意見を引き出す。日本語でもよい。

(rice, beef, carrots, etc.)

How much water do you need to make curry and rice?
カレーを作るためにどのぐらいの水か必要か予想する。

1 リットルのペットボトルを見せて、その何本分かをクイズ形式で尋ねる。

以下が 4 つの選択肢（正解は D)

(A. 3 bottles , B. 17 bottles, C. 325 bottles, D. 2389 bottles)

Do you know the reason?
水について意見を引き出す。日本語でよい。

To make curry and rice, we need vegetables and animals. We need a lot of water.
稲の苗の写真と一緒に見せ、今日は「水」について考えることを告げる。

「カレー作り」1 つとっても、にんじんや玉ねぎを育てるための水など、自分たちが食べて生きていくためには水が大切であることを再認識できます。また、内容のある場面で、本単元で慣れ親しむ英語について出合わせるようにします。以下はやり取りの例です。

How much water do you need?
You need 2389 liters for a curry.

表現

Learn about "My Day" based on the topic of water.

水を使う場面と1日の動作表現を学ぶ。「水の大切さ」について考える。

1日に行う動作や1日のくらしで水を使う場面の表現についてジェスチャーゲームをします。最初は絵を見せずに、先生がジェスチャーを行います。友だちとジェスチャーを見せ合い、動作を当てたらサインをもらうゲームです。動作表現に慣れ親しむことができます。

brush my teeth　　wash my hands　　flush the toilet　　take a bath

図　1日の動作（水を使う場面）の絵カード例

 やり取り

Guess how much water you use for brushing your teeth.

1日のどれぐらいの水を使うかインタビューをしながら考える。

「歯を磨く」、「手を洗う」、「お風呂に入る」など、水の話題に関係した表現について、1回におおむねどのぐらいの水を使うかについて推測させます。次に、右表のようなワークシートを配布し、ボトル1本（1リットル）を基本に、自分ならどの程度の量の水を使うかを記入し計算させます。計算は次のようになります。

1日の水の使用量＝
ボトル何本分か（liter）×1日に何回か

どのくらいの水を使っているか調べてみよう！

Name （　　　　　　　　）

水を使うこと	A. 1回に使う量(L) (How Much Water)	B. 1日に使う回数(回) (Times)	1日に使う量 (A×B)
	12L		
	5L		
	10L		
	60L		
	200L		
	80L		
	70L		
	合計：		L

図　インタビューワークシート

調べる

自分の生活と水の大切さについて考える。1日の水の使用回数を次回の授業までに調べて、水の使用量を実感する。

次回の授業までに、1日の動作で「水を使う場面」をイラストで描き、その時どの程度の水を使うか、1ボトル（1ℓ）を基本に調べ学習をすると、身近な経験をとおして考えることができます。この際、生徒から「英語ではこの動作はなんと言うか？」についての質問も出てくるので、知りたいと思う表現を短冊に書いて入れる「質問ボックス」を用意しておき、次回までに伝えると良いでしょう。

授業の進め方	**2 時間目**

 復習と導入

How much water do you use for washing your face?

「顔を洗う」などの表現を復習し、実際に日常使う水の使用量（平均値）について英語で聞く。自分のデータ表と比べる。

- 浴槽に貯める水（約 200 リットル）
- シャワーを 10 分間出しっぱなし（約120リットル）
- トイレで流す水（約 12 リットル）
- 食器洗いのために水道の水を 5 分間出しっぱなし（約 60 リットル）
- 洗濯に使う水（約 110 リットル）など

 **やり取り**

自分のある1日の水使用のデータ表をもとに、習った動作表現をもちいて友だちの1日の水の使用量についてインタビューをする。やり取りは「何ボトル＝ Liter」という数字だけで行う。

児童のやり取り例

S1	What time do you take a bath?
S2	I take a bath at 8:30 pm.
S1	OK. How much water do you use?
S2	(I use) 200 liters.
S1	そんなに!

インタビューの様子

考える

自分の水の使用量を知り、友だちの水の使用量を比べ、水の大切さについて自分ができる事について考える。

　自分の水の使用量を知り、友だちの水の使用量を比べて考えたことをワークシート（章末参照）に日本語で書かせます。水の大切さを感じ、きれいな水を使うことができる毎日であることを再認識し、地球のために、自分は何ができるかについて感想を交流すると良いでしょう。

 視野を広げる

世界の水の事情や ALT の国の水の事情について映像など知る。

　映像やインターネットの資料を見て、世界の国の人々のくらしや、「飲み水」が簡単に手に入らない国の同じ年代の子どもたちにも目を向けさせます。この活動は日本語で行います。ALTとのティームティーチングの場合は、出身国での水の事情について、習った表現を用いて話してもらうと良いでしょう。

(5) つぶやき・成果物を共有する

　授業中に使った動作表現を絵や図に表したり、ワークシートで計算した結果などをグラフにしたりすることで、思考と表現が記憶に残ります。（下左図参照）。

　下右図は、イタリア小学校 5 年生の CLIL「水の旅」で児童の意見を取り上げたオーガナイザーです。担任の先生は、"How many cups of water do you use to make cappuccino?"と、カプチーノを飲むジェスチャーをしながら図と関連づけていました。

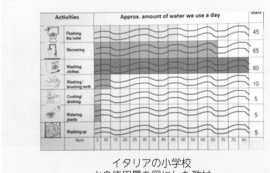

イタリアの小学校
水の使用量を図にした教材

イタリアの小学校（小 5）
身の回りの水を見つけよう

その後、担任の先生は訪問者である筆者らに日本の「水の旅」はどのようなものかと質問を行うと、英語を始めて2年めの生徒らはすこし難しい英語にも懸命に耳を傾けていました。国を超えて、地球のことを考えることは共通であると感じました。

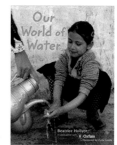

📚 **コラム**

本単元「水の大切さ」の授業を主に考案し、実際の授業を行ったのは、筆者の研究室に所属した教員志望の大学生です（田中篤史、2016年）。彼は在学中にJICAによる派遣でアフリカのケニアで、海外ボランティアをしていました。その時に、ケニアの子どもたちが、夕食を作るために苦労して水を汲みに行っていた様子を思い起こし、「きれいな水」を享受していることが当たり前になっている日本の子どもに、国による水の事情の違いを伝える英語授業がしたいと授業に取り組みました。開発教育の指導法やCLILの指導法を結び、英語を使いながら、地球の問題を考える生徒を育てたいという目的で行われたものです。

訪問授業先の小学校5年生の生徒は、ジェスチャーと習った動作表現でのびのびとやり取りを行っていました。田中先生が語ったJICAの経験を聞いて、「自分たちが地球の上に住む人として、何かをしたいと考えた」という感想が数多く見られました。

＞ 導入やまとめに活用できる絵本や教材

単元の始めやまとめには「水の大切さ」について書かれた絵本の読み聞かせをすることもできます。生徒は地球のために何ができそうかを考えながら、日本語や絵でメモしながら聞きます。

Branley, F. & Fraser, M. (2017). *Down Comes the Rain.* **HarperCollins**

水の循環についての絵本ですが、初めて英語の文字を読む児童にも適しています。

Hollyer, B. & Smith, Z. (2008). *Our World of Water.* **Frances Lincoln Children Books**

ペルー、エチオピアなどの子どもたちと水について写真や図が掲載されています。英語は大人向けですが、教材研究にも適しています。

Hollyer, B.,& Smith, Z(2008). *Our World of Water.* Frances Lincoln Children Books

佐藤郡衛（2001）『国際理解教育 多文化共生社会の学校づくり』明石書店

ESDや開発教育の考え方について知ることができます。教材研究にも適しています。

世界には環境、貧困、人権、平和、開発といった様々な問題があり、水の問題は、人口の増加や気候変動と関わる深刻な問題です。国際社会において地球的視野に立って主体的に行動するために必要な態度や能力を育てる視点で、初めての英語表現に出会い、地球の話題について深く考えるような機会を持てるようにしたいものです。

❯ 指導案の例

▶ 1時間目 「バーチャル・ウォーター」と「水を使う場面での1日の動作」

Time	Student's Activities	Teacher Talk	Tools
5分	カレーとカレーの食材から、「バーチャル・ウォーター」について学ぶ。 どの程度の水を使うか、予想してクイズに答える。	(Showing a picture of curry) What do you need to make curry and rice? How much water do you need to make curry and rice?	カレーの絵カード 食材の絵カード 1リットルのペットボトルの水
5分	1日の生活で水を使う場面について学ぶ（教師と生徒のやり取り）。 動作表現をフレーズで学び、皆でジェスチャーを考える。	I will do a gesture. What am I doing? Yes. I am taking a bath. (brush my teeth, wash my face, flush the toilet, take a bath, etc.)	
10分	動作表現の絵をみながら、ペアでジェスチャークイズをし、友だちのサインをもらう	Let's do the gestures in pairs. I will demonstrate. ① Find a partner. ② Do Janken. ③ The Winner says. "Do a gesture." ④ If you say the correct answer, you can get a signature.	ジェスチャークイズ・ワークシート
10分	水を使う動作のそれぞれはどの程度の水を使うか予想する。	How much water do you use for washing your face?	水の使用量のデータ表ワークシート
10分	データ表を見て、自分の1日に使う水の量を計算する。	How many times do you wash your face in a day?	
5分 調べ学習	自分の1日の水を使う場面について調べ学習をする。	Let's check. How much water do we use in our life?	
予告		In my case, I wash my face three times. Let's calculate. " 10 (liters) times 3 equals 30 (liters) ."	

▶ 2時間目

Time	Student's Activities	Teacher Talk	Tools
5分	水を使う場面の動作について、復習する。	Let's review. (ex. Water the plants, Do the dishes.)	動作の絵カード
15分	ある動作1回について使う水の使用量のデータ表を見て、自分の1日に使う水の量を計算する。結果について友達とインタビューし合う（生徒と生徒のやり取り）。 友だちのデータと比較し、自分の水の使用について認識する。	I will do a gesture. What am I doing? Yes. I am taking a bath. (brush my teeth, wash my face, flush the toilet, take a bath, etc.) Are you an eco-user or a heavy user? Let's share the data with your friends.	水の使用量のデータ表ワークシート
10分	映像や絵本から、世界の国の水の様子と、子どもたちの「飲み水」の状況を知る。 自分と水のつながり。日本と世界の水の問題を身近に感じる。地球のために身近なことで、できることは何か考える（日本語）→ワークシート例	I will show you some photos. 写真とトーク例（ペルー） This is Luca. Luca lives in a village. To cook dinner, Luca has to go up and down the mountain. To do the laundry, Luca has to go to the waterfall. It takes one hour. It's very hard. Water is very important for our life.	世界の国の水の様子 写真 絵本等

資料 「地球のためにできること」読み書きワークシート

1 「水について学んだこと」から、地球のために自分でもできることを絵や文で書きましょう（日本語）。

2 次の英語を聞いて、地球のために自分できることを選んで〇をつけましょう。その中から１つ選んで、書き写しましょう。

When I do the laundry, I ...
1. reuse water.
2. use the tap water.
3. use a lot of detergent.

I take a bath ...
1. many times.
2. twice.
3. once.

When I cook dinner, I ...
1. turn the tap off after cooking.
2. waste a lot of liquid soap.
3. throw a lot of oil away.

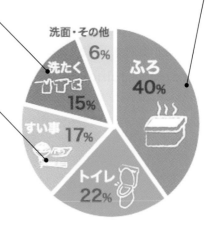

洗面・その他 6%
洗たく 15%
すい事 17%
ふろ 40%
トイレ 22%

地球のためにできること

When I do the laundry, I (reuse water).

Lesson 02 "Mottainai" Saves the Earth 「"もったいない"は地球を救う」高学年

　小学校4年生の社会科では、人々の健康や生活環境を支える「ごみの処理」について学んでいます。その際、4Rとして"Recycle""Reuse""Reduce""Refuse"という言葉を学習します。これらの言葉を使用し、自分たちが地球の環境のためにできることを考えましょう。

　ノーベル賞受賞者のワンガリ・マータイさんが世界に広げた「もったいない"Mottainai"」という日本の言葉が、世界でそのまま使われていると知ることも子どもの興味を惹くでしょう。また、「もったいない」の精神には地球資源に対するRespect(尊敬の念)が込められていることも学びます。

 このレッスンで使用する単語やフレーズ

使えるようにしたい表現（産出）

What can you do (for the Earth)? 　（地球を守るためになにができますか）

I can reuse *waribashi*. 　（割り箸を再利用できます）

I can reuse X. 　（Xを再利用できます）

I can reduce Y. 　（Yを減らすことができます）

わかるようにしたい表現（受容）

Nobel Peace Prize recipient Wangari Maathai introduced the word "Mottainai."

（ノーベル平和賞受賞者ワンガリ・マータイさんは「もったいない」という言葉を紹介しました）

（注）世界についての話題を扱うときは、難易度に配慮するため、子どもが発話できると良い表現（産出）と聞いてわかると良い表現（受容）を意識的に区別しながらもちいるようにします。

② 4C＆ねらい

Content

●地球の環境を守るため、自分たちにできることを考える。また、「もったいない」という日本人の物を大切にする精神を知る。

Communication

●自分たちの身の回りにあるものについて、「再生利用する」、「再利用する」、「削減する」、「断る」という分類表を作成し、発表する。友だちの意見と似ている点や、違う点について比較する。

Cognition

●身の回りのものを、再利用するか、また、再生利用するか等を考えながら、分類する。また、自分たちの生活にある"Mottainai"について考える。

Culture / Community

●世界のエコマークやエコラベルについて知る。

Cognition×Language Structure　思考×文構造

ティーチャートーク例		
	T	What can you do for the Earth?
	S	I can reduce chopsticks.
	T	You have a good idea. It goes to the "Reduce group."
		——自分たちにできることを考える。

③ 準備するもの

● 4R カードと、分類する物のカード（例：plastic bag, newspaper, cloth, battery, water, PET bottle, chopsticks 等）

●分類用ワークシート

●"RRR" Song（『AJ's Songs & Chants CD』より）の CD（章末参照）

● Typhoon game 用データ（プレゼンテーションソフトで作成）

④ 授業の進め方

▶ 地球のためにできること

1 時間目

 導入   "RRR" の歌を聞き、口ずさめるところは、一緒に歌う。

 単語や表現   Typhoon game を通じて、単語や表現に慣れ親しむ。

 やり取り   ゴミの分別をしているスキットショーを聞き、
再生利用や再利用についての表現を知る。

 考えを共有   ペットボトル・新聞紙等のゴミを 4R に分類し、発表する。

 書く活動   なぞり書き・書き写しをする。

2 時間目

 **単語やフレーズ
の復習**   CLIL の内容場面で出会った単語やフレーズを、絵カードを使っ
てあらためて想起する。

 聞く   Wangari Maathai さんが提唱した
Mottainai についての話を英語で聞く。

 調べる   鯨の再利用図から日本人の "Mottainai" について知る。

 考える   My "Mottainai" について考え、発表する。

 視野を広げる   世界の環境マークについて知る。

| 授業の
進め方 | **1 時間目** |

 導入

Sing " RRR " song. (『AJ's Songs & Chants CD』より。章末参照)

　"Recycle" "Reuse" "Reduce" と何度も口ずさみ、環境のためにできることについての表現に慣れさせ、4R の先頭の「R」の音に気づくようにします。

単語や表現

Play "Typhoon game".

　1回目：4～5人のグループを作り、じゃんけんをします。グループのメンバーは1番目のプレーヤーに"What can you do?"とたずねます。たずねられたプレーヤーは"I can reuse batteries."などと答えます。その後、プレゼンテーションソフトで作った表のパネルをクリックすると、点数が出てくる仕組みになっています。グループ毎に1番目のプレーヤーが質問に答えてパネルをクリックしていき、これを繰り返します。

T Make groups of 4 or 5.
Do Janken. Everyone asks the first player, "What can you do?" The first player from group 1 answers the question, "I can reuse batteries." The player clicks on it and gets 10 points. The player takes a turn every round.

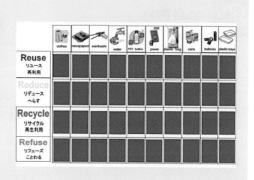

　プレゼンテーションソフトで作成した表を使用します（上図参照）。"What can you do?"の質問に対し、"I can"に続く動詞と目的語のフレーズを選び、選んだ箇所をクリックすると点数が現れるようになっています。班対抗で行います。中には点数ではなく"T"や"ST"と書かれたものがあります。"T"は"Typhoon"，"S"は"Super Typhoon"を意味しており、"T"は、どこか1つの班の"ST"は、自分の班以外の得点を「0」にすることができます。得点については、再利用等が効果的なものを高得点、不可能なものは0点にするなどにしておくと良いでしょう。生徒はどのパネルが高得点であるかを考えながらゲームに参加します。

　Typhoon game で同じ表現に何度も触れることにより、目的語や動詞を入れ替えることに気づかせることができます。

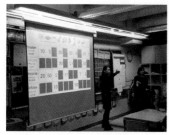

Typhoon game

I can reuse newspapers.

I can reuse water.

I can reuse newspapers.

I can recycle newspapers.

（Typhoon game& 授業作成：中田葉月）

コラム　　　**Typhoon game のデータの作り方**

①プレゼンテーションソフト（PowerPoint 等）に必要な絵カードを貼り付けます。

②表計算ソフト（EXCEL 等）で必要な数のマスを作ります。そのマスの中に点数を入れます。

③マスをプレゼンテーションソフトに貼り付け、表の上に、挿入→図形を選択しマスを隠すように■を配置します。

④アニメーション機能の終了効果を使用し、クリックすると数字が現れるようにします。それぞれが独立して、アニメーション効果を行う設定にしておく必要があります。

 やり取り

ゴミの分別をしているスキットショーを聞き、再生利用や再利用についての表現を聞く。

　掃除をしている T1 に T2 が "What are you doing now?" と問いかけます。T1 は "I'm cleaning now." と言いながら、ゴミを分別せずゴミ袋に入れます。T2 がその様子を見て、"That's Mottainai!" と言って、袋に入れられていたものを取り出しながら、"I can reuse PET bottles." 等と、本単元に使用する表現を繰り返して示します。

フィンランド訪問授業での
リサイクル・スキットショー

ティーム・ティーチングでのスキットショー

`T1` **What are you doing now?**

`T2` **I'm busy. I'm cleaning now!**
　　（と言いながらゴミ袋にゴミを入れる）

`T1` **Stop, stop, stop!**

`T2` **What?**

`T1` （袋をもちながら、中身を出し）**No way! I can reuse these clothes. That's Mottainai! Oh, I can recycle this PET bottle. Mottainai!**

 考えを共有

ペットボトル・新聞紙等のゴミを **4R** に分類し、発表する。

身の回りのものを、「再生利用」「再利用」「減らす」「断る」かを考え、分類させます。あらかじめ渡したカードを下図のようにワークシートの上で分類し、紹介し合います（考えの共有）。自分と同じ意見であれば "Me, too."、違った意見であれば "That's a good idea." と答えるよう伝えます。例えば、「プラスチック・トレイは、Recycle もできるが、Refuse もできる」等の意見は大切です。考える場面では日本語のつぶやきを大切にします。

> **T** Can you sort trash?　Please think about how to sort trash. You can categorize these cards into 4R groups. For example, I can recycle the plastic tray. It goes to "Recycle group".
>
> (sort: 分ける、categorize: 分類する)

 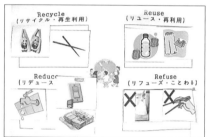

身近なものを分類するワークシート

✏️ 書く活動

なぞり書き、写し書きを行う。

　言葉の意味を大まかに理解し、何度も使ってみる体験をしてから文字指導をします。下図のようなワークシートで、自分の意見に合う文を作るために、カードを選び、写し書きをします。

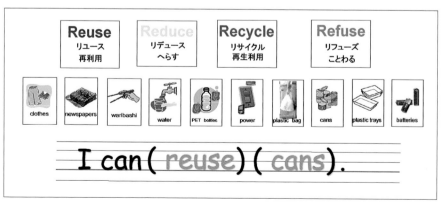

文字指導ワークシート

単語やフレーズの復習

Let's review the words and phrases.
CLIL の内容場面で出会った単語やフレーズを、絵カードを使ってあらためて想起する。

チャンツのリズムにのせて口ずさむようにすると良いでしょう。また、Typhoon game で親しんだ表現のほかに、次の時間に聞く、Mottainai の話に出てくる単語やフレーズにもう一度慣れておきましょう。

 聞く

Wangari Maathai さんが提唱した Mottainai についての話を英語で聞く。

ノーベル賞受賞者ワンガリ・マータイ (Wangari Maathai) さんが、世界に広めた"Mottainai"という言葉についてティーチャートークを行います。また、ALT に協力してもらい、録音したものを使うと、何度も繰り返して聞く機会になります。生徒は、「ノーベル賞、Mottainai、スローガン、4 Rs」や「他の R」を聞き取り、何を言おうとしているのか推測をしていきます。ひとつひとつの英語を聞き取れるわけではありませんが、学んできた内容に関連した英語内容に触れることは、世界へと視野を広げることにつながります。

Nobel Peace Prize winner Wangari Maathai introduced the word "Mottainai" as a slogan for environmental protection. She said, "Mottainai encompasses the four Rs of "reduce, reuse, recycle and repair." The concept of "Mottainai" became to popular outside Japan. "Mottainai" also means "reduce, reuse, recycle, repair and respect."

🔍 調べる

鯨の再利用図から日本人の "Mottainai" について知る。

この活動は発展編です。筆者らはフィンランドの小学校 4 年生の CLIL 授業で行いました。使う表現は、"I can recycle X" "I can reuse X for T" 等です。

T Do you have an idea of "Mottainai" in Japan?

S (手袋の再利用や、ペットボトルでおもちゃが作れるなどの意見が出る。)

T You can reuse a pair of gloves. Now, let me show you how to reuse whale parts. Do you know whales? This is reusing parts of a whale. Can you find an idea?

日本人の、ものを無駄にせず余すところなく生かすという「もったいない」の精神に気づくため、鯨の再利用図をもちいて、どのような再（生）利用が行われているか図から見つけたり、ネットで調べたりします。その際 "I can reuse the baleen for crafts."（くじらのひげは工芸品に再利用できる）のように表現します。

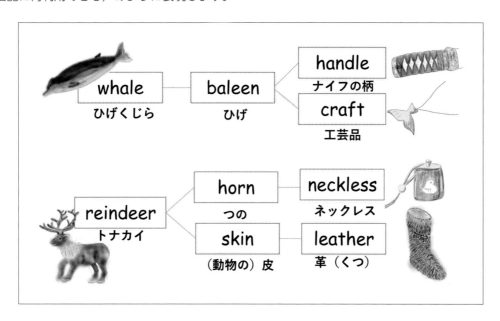

考える

鯨の図で考えたことや表現パターンをもちいて、My " Mottainai "について考え発表する。

T **What are your "Mottainai" things?**
Let's think about it.

　自分ができる再利用について考えます（例えば、破れた靴下をスマートフォンケースにする等の絵を描き、p.13 ①に挙げた表現パターンを使います）。

鯨の再利用を考える
（フィンランド小学校 4 年生 CLIL 訪問授業）

生徒の考えた My "Mottainai" things

　　フィンランドの生徒が考えたアイデア例：

My "Mottainai" is blue jeans.
I can reuse jeans for pants.

僕の「もったいない」はブルージーンズです。短パンにリユースできます。

My "Mottainai" is sauna.
I can reuse tree bark for lighting a fire.

私の「もったいない」はサウナです。木の皮をサウナの火付けにリユースできます。

 ## 視野を広げる

世界の環境マークについて知る。

　世界の主要な環境ラベル（GEN に加盟しているもの）を紹介します。ネット等を使って調べ学習をすると良いでしょう。日本の環境に対する取り組みだけではなく、世界中で取り組まれていることを意識するため、世界の環境ラベルクイズを行います。ラベルをプロジェクターに映し、

エコラベリングとはどのような意味か気づいたことについて意見を述べさせます（日本語でも可）。文字にも親しみながら、何を表そうとしているか一目でわかるマークを考えさせることもできます。

> ### T What is eco-labelling?
> エコラベリングって何だろう？
>
> エコラベリングについて調べさせる。（https://globalecolabelling.net/）
>
>

図　各国のエコラベルの例

また、各国のゴミ箱に見られる分別の工夫などから、共通の工夫を探して考えることもできます。地球環境を守るため、ものを大切にする気持ちを育てます。しかし、再利用をする際には水や二酸化炭素を排出する可能性もあることも合わせて学習する必要があります。その上で、ものを大切にするということの本当の意味について考えることを促します。

フィンランドの
学校のゴミ箱

❯ 導入やまとめに活用できる絵本や教材

- 『What can you do?』中本幹子 著、アプリコット出版
- 『AJ's Songs & Chants CD』阿部フォード恵子監修、アプリコット出版
- ワンガリ・マータイと Mottainai について　http://www.mottainai.info/jp/about/
- 「世界の環境ラベルについて」　https://globalecolabelling.net/
- エコスクール　https://www.eco-schools.org.uk/

The Wonder of Surface Tension「表面張力の不思議」

Lesson 03　中・高学年

　ここで紹介する理科の表面張力についての CLIL 授業は、小学校 4 年生から 6 年生まで、どの学年でも取り組むことができます。「シャボン玉ってどうして丸くなるのかな？」「コップいっぱいに満たした水は、なぜこぼれないのかな？」そんな身近な科学の現象「表面張力」について、英語を使っておもしろい実験をしてみましょう。どの実験も「シャボン膜の性質（property of soap film)」に迫っていけるようになっています。

　まず、算数で扱う 3D 立体について英語で学び、その設計図を見ながらモールで実験道具を作ります。「予想―実験―仮説―検証実験―まとめ」の流れをとおして、「表面張力」の不思議を見つけ、科学的な考え方を体験する授業です。なお、表面張力は学習指導要領には位置付けられていないので、ここでは実験をとおして考えることを楽しめるような授業にしています。

1　このレッスンで使用する単語やフレーズ

> **使えるようにしたい表現（産出）**
>
> triangle（三角形）/ square（正方形）/ pentagon（五角形）/ hexagon（六角形）
>
> What shape is this?　（なんの形ですか？）
>
> **わかるようにしたい表現（受容）**
>
> triangular pyramid（三角錐）/ rectangular pyramid（四角錐）/
>
> 3D shapes（3D 立体）/ round（丸い）/ area（面積）/ edge（立体の辺）
>
> soap bubble（シャボン玉）/ soap film（シャボン膜）/
>
> soapy water（シャボン液）/ surface tension（表面張力）/
>
> overflow（こぼれる）
>
> Let's do the experiment.（実験をしてみよう）
>
> Put the 3D shape into soapy water. (Put it into ～.)
>
> （シャボン液に 3D 立体を入れよう。）
>
> What property does it [the soap film] have?
>
> ＊教師が使う問いかけとして（シャボン膜にはどんな性質があるかな？）
>
> The soap film becomes a small area.（シャボン膜は最小の面積になる。）

4C ＆ねらい

●図形を表す表現を使いながら、設計図を見て実験道具になる三角錐などの３D立体を作る。

●モールを使ってグループで作った３D立体をシャボン液に浸したあとに持ち上げ、どのようにシャボン膜が張るか実験をする。

Content

●実験に使う理科の道具や、３D立体を表す学習言語を学ぶ。

●シャボン膜の性質を見つけるための実験操作をする。

●実験をとおして、表面張力の不思議を学ぶ。

Cognition

●コップに水を張ってコインを上に何枚か乗せても、水がこぼれないのはなぜなのか予想を立てる（日本語も使う）。

●表面張力の実験に使う、3D立体をモールで作成し、正方形や、正五角形が同じ長さの辺で囲まれていることを考えながら学ぶ。

●それらの図形をシャボン液に浸して持ち上げた時、どのような形の膜が張るのかを観察する。

●いくつかの実験の結果を、クイズに答えたり図に描いたりしながら、シャボン膜の性質を見つけ、「表面張力の不思議」について科学的に考える（日本語も使う）。

●スローカメラで実験を撮影し「表面張力のでき方」を観察して、仮説を確かめる。

Culture / Community

●表面張力がどんなところで見られるか、毎日の生活や図鑑などで探して紹介する。

　◇ 葉っぱの上のしずくは表面張力（の現象）である。

　（例：A drop of water on the leaf is "surface tension".）

　アメンボは水の表面を歩くことができる。

　（例：A water strider can walk on the water.）

●表面張力という科学的現象が、社会のどのようなところで使われているかを知る。

　◇ 吊り橋は表面張力を使っている。

　（例：A rope bridge uses "surface tension".）

Cognition×Language Structure　思考×文構造

ティーチャートーク例	教師のシャボン玉のデモ実験を見て理由を考える
	T　Look at these. They are soap bubbles. Why are they round?
	S　I don't know.
	T　Let's find the reasons.

実験の予想をたてる。英語で答えることはまだできないので、3択問題にして答えさせ、なぜそう思うかの理由は日本語で答えるので良い。

T Let's do the experiment.
I put the triangular pyramid into the water.
Please guess. What may happen? Please choose, 1, 2, or 3.
(この選択肢は p.83 を参照)

S 2.

T Your guess is No. 2. Why do you think so?

S 三角錐の角から引っ張り合うから？

T Close. Your idea is almost correct.
The answer is No. 2 because the soap film becomes a small area.
答えは 2 番、理由は、シャボン膜は最小面積になるからなんだ。

③ 準備するもの

- 図形と 3D 立体のピクチャーカード
- 3D 立体（ここでは三角錐）を作成するための設計図（写真と英語を提示）
- シャボン液、中程度の大きさの水槽、パイプを使ってシャボン玉を作る丸い実験道具
  （シャボン液の作り方：水に台所洗剤液を入れ、膜の張りぐあいを見て調節する）
- 教師の演技実験用器具（コップ、水、シャボン液、シャボン玉を作る器具）
- 三角錐などの 3D 立体を作るためのモール（1人6本程度）
- ワークシート（実験の予想と結果を、絵で選び、図を描く）
- 教師の仮説検証用道具（プラスチックと針金で作ったフレームに中心部が左右に動くもの、ワイヤーで作った三角錐のものの 2 種類）

（注）本実験に関するいくつかの理科実験動画は p.83 に参照 Web Site を示す。

授業の進め方

▶ **表面張力の不思議**

| 1 時間目 |

	導入	シャボン玉の実験を見る。
	実験と表現	コップに満たした水にコインを入れても すぐにこぼれないのはなぜか（表面張力）。
	実験道具 作成	表面張力の実験道具を作るための単語や表現（図形や立体）を学ぶ。
	予想	モールで作った実験道具をシャボン液につけた時にどのような膜が 張るか予想をたて、番号で選ぶ。

| 2 時間目 |

	前時の続き	前時に作成した実験道具を使って実験する。
	実験結果	予想と同じであったか比べる。 どんな形が見えたか伝え合う。
	考える	なぜシャボン液の膜は三角錐の中央に 放射線状に集まったのか、理由を考える（仮説）。
	検証実験	仮説を確かめる教師の演技実験を見る。 仮説と一致していたか確かめる。
	省察	表面張力（科学的現象）は 身の回りの社会のどのような場に関連があるか知る。

| 授業の
進め方 | 1 時間目 |

 導入

Watch the demonstration of soap bubbles.
シャボン玉の実験を見る。

Let's make a soap bubble using a
round pipe.
What shape is this?

丸いパイプの輪を使ってシャボン玉を作ろう。この形は？

Yes, it's round.
A soap bubble is round like a ball.

シャボン玉はボールのように丸いね。

Why is it round?

どうして丸いのかな？

 ## 実験と表現

Watch the experiment of putting coins on the surface of water.

コップに満たした水にコインを入れてもすぐにこぼれないのはなぜか（表面張力）。

コップに満たした水に、コインを入れ、何枚まで水が溢れないか、演技実験を見せます。

I pour the water into the cup
and fill it.

コップに水を注いで満たします。

How many coins can I put in?

何枚のコインを入れられるかな？

I put □ coins, but the water doesn't
overflow.

コインを □ 枚入れても水がこぼれない。

Why?

なぜだろう？

実験道具作成

It's your turn. Let's do the experiment.
First of all, let's learn the words and phrases.

表面張力の実験道具を作るための単語や表現（図形や立体）を学ぶ。

　今度は自分で実験をしてみようと伝えます。まず、実験に必要な単語やフレーズを学び、実験道具に使う3D立体を作ることを伝えます。平面図形と、立体図形の単語を、手で形を作りながら導入します。黒板に絵カードを貼って指さしながらチャンツに合わせて、2回ぐらい繰り返して声に出します。

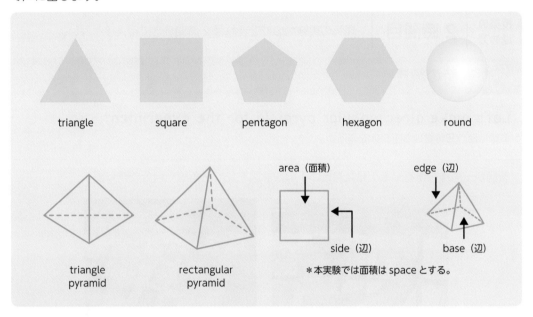

実験で出会う図形の単語のみ
チャンツで導入

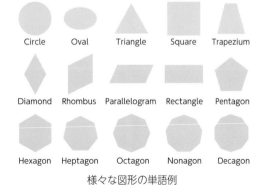

様々な図形の単語例

予想

I'll show you the apparatus for the experiment.
If I put it into soapy water, what may happen?
Please choose the answer, No. 1, No. 2, or No. 3.
モールで作った実験道具をシャボン液につけた時の予想をたて、番号で選ぶ。

実験道具（三角錐のモデル）を見せて、それをシャボン液に入れると、どんなことが起こるか予想させます（自由な意見を引き出し、シャボン液の性質に触れながら考えさせます：[表面張力は最小の面積になろうとする][※注]）。

授業の進め方	**2 時間目**	理科の実験なのでできれば 2 時間続きで行えると良い。

 前時の続き

Let's make a rectangular pyramid for the experiment.
実験に使う三角錐の 3D 立体を作ろう。

教師が三角錐を作るデモを見たあと、下の設計図を見て三角錐を自分で作ります。

モールで三角錐の作り方をデモ

設計図を見て三角錐を作る

以下の 1 ～ 10 のティーチャートークを使ってモールを見せながら説明しましょう。

（設計図）表面張力の実験道具をモールで作る（作るときに聞かせる英語は下欄）			

1．モールを一回折る。 Fold the tip of color wire.	2．もう一度折る。 Do it again.	3．三角形を作る。 Make a triangle.	4．同じように反対側も三角形を作る。 Make another triangle on the opposite side (in the same way).

5. はしに（もう１本の）モールをつける。
Put a new color wire on the edge of triangle.

6. （片方の）三角形を立てる。
Put up the triangle.

7. 反対側の三角形の中にモールを通す。
Put the color wire through the triangle on the opposite side.

8. 反対側の頂点にモールを巻きつける。
Put the wire around the edge on the opposite side.

9. 完成。
Finished!

10. （形を）楽しもう。
Make it fun.

実験動画は以下のサイト（種村雅子・物理学実験教材）参照
https://www.osaka-kyoiku.ac.jp/~masako/exp/ladycats/
index.html→The Science of Soap Films→実験動画参照

 実験結果

Let's do the experiment in groups using the triangular pyramid they made.

実際に実験をして、予想と比べる。どんな形が見えたか伝え合う。

Let's compare the result with your expectation (the original idea). You can share the ideas in groups.

モールの三角錐で実験

１時間目に作ったモールの三角錐や他の 3D 立体を使って実験をします（実験①）。自分の予想と同じかどうか比べ、グループで考えを日本語で言い合います。生徒が図形の単語などを英語で言おうとすることは励まします。

❓ 考える

Let's think of the reason why the answer is No. 2.

なぜシャボン液の膜は三角錐の中央に放射線状に集まったのか理由を考える。

３つの選択肢のクイズを提示します。

No. 1 シャボン膜は張らない。

No. 2 シャボン膜が（放射線状に）真ん中に集まる。

No. 3 3D 立体の中に球ができる。

なぜ答えは No. 2 になるのか理由を考えさせます（日本語で行います）。

意見の交流例

No. 2 になるのは、「(中心が) 三角錐の角 (corner) から同じ距離だから。」

「実験すると、三角錐の真ん中に引っ張られたみたいに見えたから。」等

意見の交流から Hypothesis (仮説) を引き出す。

The answer is No. 2 because the soap film becomes a small area.

答えは No. 2 である。なぜなら、シャボン膜が最小面積になるからである。

 ## 検証実験

Let's check if the hypothesis is right or wrong.
仮説を確かめる教師の演技実験を見る。

「仮説」について、その検証実験をします (実験②)。

ここは「仮説」が正しければ、次の検証実験での A か B かを予想できるという科学的思考を育てる場面です。先生は Teacher Talk を使い、実験の操作と英語をしっかり一致させます。生徒は指示を聞きながら実際に実験を見て、思考するプロセスを辿ります。

仮説を確かめる演技実験

Look at the experiment.
I use the apparatus.
If I break the point here (the left side), what may happen? Choose the answer, please.

検証実験と実験道具
(赤い○印が膜をやぶるポイント)

■ A ■ The bar goes to the right?
■ B ■ The bar goes to the left?

(The answer is A.)

※生徒から見た場合は左右反対とする。

省察

Let's watch the movie clip and learn about how the scientific phenomena are used in everyday life.

表面張力（科学的現象）は身の回りの社会のどのような場面に関連があるか知る。

　これまでの実験の中で、実験①や②について、スローカメラをもちいて撮影した科学現象を動画で見せます（右図は実験①のシャボン膜のようす）。

　表面張力の科学的現象が、下図のように身の回りのどのような場面で見られるのか触れると良いでしょう。検証実験をとおして、わかったことや感想を振り返り、絵や日本語でカードに書きます。

葉っぱの上の雫

アメンボが水面を歩く

コラム　　「表面張力」のCLIL授業は、海外教育実習をとおして、筆者らの教える大学生・院生らが、日本の小中学校、フィンランドや韓国の小中学校でも英語をもちいて行ったものです。海外で理科の授業を行うと、日本がいかに理科実験を重視し、科学的な視野を育ててきたか改めて感じることがよくあります。

　また、一見難しそうな英語でも、実験に使う道具の単語や実験操作は、実際に目に見えるので、使いながら親しむことができます。理科らしい「予想（Expectation）」「実験（Experiment）」「仮説（Hypothesis）」「なぜなら（because 〜）」などは、高学年であれば流れがわかりやすいでしょう。科学的な考えを言葉で表現できることは重要です。

　理科のCLILでは、暗記型の理科指導ではなく、自分で実験操作を行い、予想―実験―結果から仮説―検証実験―定義、という一連の流れにより、CLILにおける高次の思考（HOTS）が起こるように授業づくりを行います。生徒だけでなく、指導する学生や教師も今一度、「科学的思考」の導き方

をこの授業をとおして学ぶことができます。このように、CLILの授業への取組みは、教師にとっても「学びの連続」であり、 思考×言語 のある「生徒中心の授業」へと教師を向かわせてくれます。

韓国の小学校実習での実験

フィンランドの大学での物理実験

❯ 指導案の例

▶ 1時間目「表面張力の不思議」

所要時間	生徒の活動	Teacher Talk	使用するもの
導入 8分	シャボン玉を作る実験を見る。 シャボン玉に触ってみる。	Let's make a soap bubble using a round pipe. Can you make it bounce? It is round like a ball. Why is it round?	シャボン液 シャボン玉用丸いパイプ
実験と 表現 8分	コップに擦切り程度で満たした水の表面にコインを1枚ずつ入れる実験を行う。 水が溢れるまで何枚入るか見る。	I pour the water in and fill the cup. How many coins can I put in? I put（数）coins in, but the water doesn't overflow. Why?	透明のコップ 水 10円玉
実験道具 作成と 表現 8分	コップの水に表面張力が働いていることを告げる。 それはどのようなものか生徒も実験することを伝え、実験道具を作る。	It's your turn. Let's do the experiment. 実験に必要な道具の単語導入 （指さしながら：water, soapy water, coins, apparatus, etc.） （図形：triangle など　3D立体：triangular pyramid）	三角錐の実験道具 チャンツ音楽 絵カード デモ実験の三角錐
予想 8分	三角錐の実験道具を使ったシャボン膜の実験方法を知り、実験結果を予想する。	Please watch my demonstration. How can the soap film be made? If I put the triangular pyramid into the water, what may happen? 予想（expectation）を引き出す Please, choose No. 1, No. 2 or No. 3.	ワークシート No. 1-No. 3 モール （1人6本）
実験道具 作成 13分	自分たちも実験道具を作る。	ティーチャートークと実際のモールを使って、三角錐の作り方を教える。	

▶ 2時間目「表面張力の性質を見つけよう」

所要時間	生徒の活動	Teacher Talk	使用するもの
実験 15分	作ったモールの三角錐などをシャボン液に浸して引き上げ、膜の張り方を観察する（実験①）。 自分の予想と同じかどうか比べる。	Let's do the experiment in groups. Please compare the results with your expectation. （日本語でも良い）	シャボン液 トレイ モールの立体
実験結果の交流 10分	実験結果はなぜ No. 2 であったのか、図を描いて考えを交流する。 実験から仮説をたてる。 （仮説）シャボン膜は最小面積になるからである。	Let's think of the reason why the answer is NO. 2. NO. 2 は膜が、三角錐の中央に放射線状に集まって張った図 Hypothesis（仮説） The answer is No. 2 because the soap film becomes a small area. （日本語でもはっきり伝える）	ワークシート
検証実験 10分	仮説を確かめる演技実験をする（実験②）。 （プラスチックとワイヤーで作ったフレームに中心部が左右に動く実験道具を使う）	仮説を確かめる実験をする。 The soap film becomes a small area. Please, watch the experiment carefully. I use the special apparatus. I put it into soapy water. Look at this. If I break the point here (the left side), what may happen? A: The bar goes to the right. B: The bar goes to the left. (The answer is A.)	シャボン液 実験道具 スティック （爪楊枝）
省察 復習 10分	実験①②をスローカメラで撮った動画を見る。 表面張力が身の回りの社会のどのような場面で見られ、活用されているかについて考える。 わかったことや感想を書く。 学んだ単語と絵カードを結ぶなどの復習活動をしても良い。	Now, we are going to review the experiment watching a movie clip. シャボン膜は表面張力の性質により最小面積になろうとするので、膜が NO. 2 のようになった場面をスロー画面で見せる。 Let's learn about how surface tension is used in society. 表面張力は、吊り橋を作るときにも活用される。	スローカメラで撮影した実験①②の動画

Lesson 04 Basketball：Pass & Run 「バスケットボール ─パス&ラン」 高学年

　日本の身近なスポーツ（相撲、柔道など）や、外国で生まれたスポーツ（サッカー、バスケットボール）などに、親しんできた小学生が、体を動かしながら英語の表現も学び、チームワークやフェアプレーにも関心を持つように構成した授業です。どの児童もスポーツが好きになるように、体をのびのび動かして、「上手になれるかも」という実感を引き出して、運動の目当てを持てるような活動を組み合わせています。

　ボール運動を扱ったこの体育のCLILでは、①自分の動きを振り返り、次の動きを改善できる省察力、②仲間とチームを組める協働的なコミュニケーション力、③体を上手く使ってスポーツを楽しむ運動力の向上をめざしています。国際社会におけるスポーツでは、試合の勝ち負けだけではなく、ICTを活用して運動を科学的に捉える分析力や、オリンピックのように国際的な視野でスポーツを楽しむこともあるでしょう。ここでは体育授業を身近な動作の英語表現をもちいて行います。このレッスンは小学校6年生から中学校2年生まで応用できます。

 ## このレッスンで使用する単語やフレーズ

使えるようにしたい表現（産出）

[基本動作表現] stand up / sit down / jump / hop /
walk / run / skip / stretch

[動詞と目的語のフレーズ] touch your 〜 / clap your hands /
touch your elbow / catch the ball

[スポーツ] volleyball / ice hockey / sumo / basketball /
swimming

[相手に励ましを送る] Good job! / Well done! / Nice try! /
Close! / Go for it! / Cheer for 〜.

わかるようにしたい表現（受容）

[バスケットボールの動き] pass the ball / lay-up / pivot turn /
run to the space / run and cut the ball

[バスケットボールのコツ] off the ball movement （ボールを持たない人の動き）/
pass and run （パスをしたら走る）

4C ＆ねらい

Content

●ボール運動の基本の運動のしかたやその際の動作の表現を学ぶ（TPR：全身反応教授法）。

Communication

●スポーツやバスケットボールに使う表現に親しみ、ペアやグループで声を掛け合い、励まし合って、協働的にコミュニケーションをとりながらゲームをする。

Cognition

●バスケットボールで使う表現をつないで、ゲームの流れや動きをチームで考える。

●ボールを持たないプレーヤーの動き（off the ball movement）に注目して、動き方を考える。

● ICT を活用して運動を科学的に捉える視点を持つ。

Culture / Community

●国際社会における、友好を深めるスポーツのありかたや、フェアプレーについて学ぶ。

●スポーツで励まし合い、味方や相手に声援を送ることの大切さに気づく。

Cognition×Language Structure　思考×文構造

ティーチャートーク例

A passes to B and A runs to the open space quickly.
（A は B にパスして、空いているスペースにすぐに走る。）

Run and steal the pass.
（走ってボールをカットする。）

Think of "Off the ball movement."
（ボールを持たない人の動きを考えよう。）

---

3 準備するもの

●動作表現のピクチャーカードやパワーポイントスライド

●小学生に扱いやすいバスケットボールとバスケットコート（リング）

●映像を記録する iPad（タブレット端末等含む）、プロジェクター、スクリーン

●ゲーム・パフォーマンス評価シート

●音楽を流すスピーカー（iPad ＋スピーカー）

④ 授業の進め方

▶ **バスケットボール：パス＆ラン**

1時間目

	導入	「サイモンセッズ」ゲーム (p. 91) で体を動かして、体の部分と動作表現に慣れる。
	単語や表現	ナンバーダンス (p. 91) で、ボール運動で使う動詞と目的語のフレーズを学ぶ。
	グループ活動	スポーツのスリーヒントクイズを聞いてカルタを楽しむ。
	思考＆創造	動詞フレーズを入れ替えて、スポーツのオリジナルかるたを作る。スリーヒントを考える。

2時間目

	表現	2つ以上の動作を組み合わせて、バスケットボールの動詞フレーズを学ぶ。
	ペア・グループ活動	バスケットボールのパスの練習をする。
	思考＆動き	チームでパスとシュートをつなぐ2つの動きを練習する。ボールを持たない人の動き (off the ball movement) や、人がいないスペースはどこか考えて動く。

3時間目

	復習	バスケットボールの表現をパスをしながら復習する。
	グループ活動	チームで2種類のゲーム1、2を学び、相手のいないスペースに走り、良いパスのつなぎ方を考える。
	思考＆表現	ゲーム1と2の間に、パス＆ラン ／ 人のいないスペースに走る重要性に気づく (iPadの参考映像を見る)。
	ふりかえりの時間	ゲーム2で、ボールを持たないプレーヤー (off the ball movement)の動きを上手く作れたチームの映像を見る。ふりかえりシートを書き、感想を伝え合う。

🔊 導入

> Simon Says：Touch your arm, touch your knees, touch your heel … etc.
> 「サイモンセッズ」ゲームで、体を動かして、体の部分と動作表現に慣れる。

　「サイモンセッズ」ゲームで、下図のような体の部分（ボディパーツ）の表現を覚えて体を動かします。

　音声と動作を一致させながら、動作を表す表現をフレーズごとで理解させます。

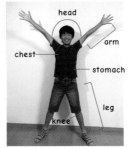 

🔤 単語や表現

> Number Dance in Jazz Chant：Look at the picture and do the gestures in order(TPR).
> ナンバーダンスで、ボール運動で使う動詞と目的語のフレーズを学ぶ。

　チャンツ（リズムのある音楽）を使って、基本動作の絵カードを見て順番に体を動かします。番号と動作表現の結びつきが理解できた段階で、カードを順番に裏返していきます（裏には動作の番号だけが書いてある）。教師は英語の動作表現の代わりに、"One, two, three."と順番にカードを指したり、偶数番号のみ "Two, four, six."とカードを指したりしながら、stand up など動作表現は生徒に言わせるようにします。

1	2		4	5	
stand up	sit down	jump	hop	walk	run
7			10		
skip	stretch your arm	touch your knees	clap your hands	pass the ball	catch the ball

基本動作の絵カード

> 進め方 1）番号と英語を聞いて動こう、2）英語だけを聞いて動こう、3）表現を入れ替えてグループで動きを作ろう（シャッフル）

グループ活動

Let's listen to the three hints quizzes and watch the sports game.

スポーツのスリーヒントクイズを聞いてカルタを楽しむ。

読み札（スリーヒント・クイズ）のティーチャートーク例

Hint 1　The starting call is "play ball."

Hint 2　The number on a team is nine.

Hint 3　The players play the game at the playground.

Answer Baseball

ヒントにあてはまるスポーツを下から選んで、上の1～6の空欄に書き写そう。

badminton　　baseball　　　　handball　　judo　　　　　rugby
running　　　snowboarding　　swimming　　table tennis　volleyball

スポーツカルタの
スリーヒントクイズ導入

カルタを楽しむ海外の小学生

思考&創造

Let's make an original KARUTA.
Can you make three hints quizzes using verb phrases.
スポーツのオリジナルカルタを作る。
動詞フレーズを使ってスリーヒントクイズを作る。

様々なスポーツを「国技（It's from □□）」、「スポーツをする場所（I can play □□ in/on the □□）」、「体のどの部位を使うか（I use my legs/hands.）」「チーム人数（How many players are there on a team?）」などのカテゴリーでカルタに分類します。スポーツの動きや発祥地を考えながら思考を深めたり、比較したりすることができます。また、上記のような「ルール」「チーム人数」「ユニフォーム」「流儀」などをヒントにして、スポーツカ

スポーツカルタ作成

ルタを学級で作るのも良いでしょう。

下は、筆者らが行う海外教育実習でフィンランドの小学生がカルタ取りを行ったあと、カルタの「取り札」と「読み札」を作成した例です。CLILでは、このように言語活動を経て、創り出すこと（Creation）へと導く活動を重視しています。正しい文を作れることよりも、考えて学ぼうとする学習者を育てることが大切です。ただし、小学校ではまだ文字が定着していないため、たくさん書くことはできません。あらかじめ用意した動詞フレーズの短冊を組み合わせるなどの工夫が必要です。実際にカルタで遊ぶ前に、教師が少し手直しして読み札を読んでも良いでしょう。

「取り札」

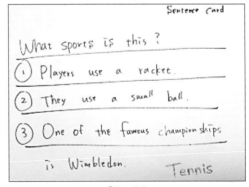

「読み札」

2 時間目

　まず、ウォームアップとしてナンバーダンス (p. 91) を使って復習します。バスケットボール
の様々な動きを学び、ペアでのびのびと体を動かします。実際に体育館で、パワーポイントスラ
イドをもちいて動作の表現カードを見せ、音楽に合わせて体を動かすとよいでしょう。

　1時間目に学んだ動詞フレーズを、チャンツやナンバーダンスで復習します。またボール運動
のうち、「バスケットボール」を学ぶことを知らせます。

 表現

> ## Warm up using basketball movement.
> ## You can also combine two or three verb phrases.
> 2つ以上の動作を組み合わせて、TPR（全身反応教授法）でバスケットボールの動詞フレーズを学ぶ。

　バスケットボールで使う動きを、個人やペアで学びます。図のような動きのポスターを壁面に
貼るとよいでしょう。生徒は、動きの表現に慣れてくると共に、高次の思考（HOTS）へと移行
し、2つ以上の動きを流れとして組み合わせるようになります。例えば、相手をかわしながらシ
ュートをする動きなら、"Pass the ball, run to the space, steal the ball, and lay-up"の
ように表現できます。

| pass the ball | steal the ball | lay-up | rebounding | pivot turn |

run
↓
lay-up

pass
↓
run to the
space

run
↓
cut
the pass

ペア・グループ活動

Practice passing.
バスケットボールのパスの練習をする。

　パスの表現を学び、ペアになり2列に向かい合って、パスの練習をします。教師の言う英語のフレーズを真似て元気よく声を出して体を動かします。

> Please make pairs and make two lines.
> ❶ chest pass　❷ one hand pass　❸ bounce pass

 ## 思考&動き

Let's watch the basketball movement.
チームでパスとシュートをつなぐ2つの動きを練習する。ボールを持たない人の動き（off the ball movement）や、人がいないスペースはどこか考えて動く。

　教師がバスケットボールの動きを見せ、それに合わせて3語程度の英語の表現を組み合わせて使います。下の2つの目的を知らせます。

> `Aim 1` To learn how to move when they don't have the ball.
> 　　　(Off the ball movement)
> 　　　目的1：ボールを持っていないプレーヤーがどう動くかを学ぶ
>
> `Aim 2` To run into open spaces after passing the ball.
> 　　　(Pass & Run)
> 　　　目的2：ボールをパスしたらすぐに相手のいないスペースに走りこむ

Practice passing and lay up shot.

`Movement 1` B is the teacher, A passes to B, and runs to the ring quickly. When A gets near the ring, B passes to A. (Catching area) A catches the ball, and shoots a basket. When one shoots with the right hand, the steps are right, left, shoot.

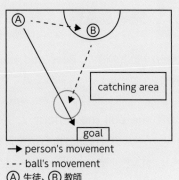

→ person's movement
- - - ball's movement
Ⓐ 生徒、Ⓑ 教師

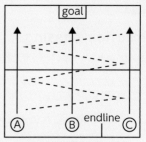

Movement 2 "2 on 1" : Make three lines. The people on the outside lines are offence. The person on the middle line is defense. Start from the end line. Pass the ball while running to the ring, and shoot. Use only passing (no dribbling).

→ person's movement
- - - ball's movement
Ⓐ offence
Ⓑ deffence
Ⓒ offence

授業の進め方 | **3時間目**

 復習

Let's review the movements of basketball.
バスケットボールの表現を復習する。

 グループ活動

チームで2種類のゲーム1、2を学び、パスと相手のいないスペースに走り、
良いパスのつなぎ方を考える。

🅰🅱🅲 **思考&表現**

ゲーム1と2の間に、Pass and run /run to the space の重要性に気づく（iPad の映像を見る）。
流れ： ゲーム1 → 映像を見てやり取り → ゲーム2

　"Off the ball movement"と"Pass & Run"の動きを考えられるようなゲーム1（現状の技能）とゲーム2（授業のねらいを入れたパス＆ラン）をします。チームでのバスケットボールの動きについて、ゲーム1からゲーム2へと移行するにつれて、動きに気づかせる質問をしていきます。ゲーム1の後には作戦タイムをとります（その際の話し合いは日本語でかまいません）。

ゲーム1 （3 minute game）：ゲーム1（1試合3分）

[ルール]

① **You can't push or grab any players.** 仲間を押したりつかんだりしない

② **You can't walk or run with the ball for more than three steps.**
ボールを持って3歩以上歩かない

③ **If you stop dribbling, you can't dribble again, and you can't dribble with both hands, either.**
もしドリブルを途中でやめたらもう一度ドリブルをしない。また、両手でドリブルしない

映像を見てやり取り

① iPadに録画したゲームシーンを壁に映し、皆で見ます。

T **Watch the Game recorded on an iPad during Game 1.**

教師は、Off the ball movement や Pass & Run にうまくチャレンジできた動きを中心に、英語でトークをしながら iPad の録画映像を見せます。

②下のような考えを引き出す質問をします。生徒は日本語で答えるのでかまいません。

> **教師の質問例**
>
> T **Where are you going to run after passing the ball?**
> ボールをパスしたあとにどこに走るか？
>
> → **Run to the space where you can receive the next pass.** 次のパスを受けられる場所に走る
>
> T **Who should you pass the ball to?** 誰にパスをするべきか？
> → **Pass the ball to an unmarked teammate.**
> マークされていないチームメートにボールをパスする

③5分間の作戦タイムを設けます。

5 minutes for preparation time （作戦タイム）

ゲーム2 （3 minute game）：ゲーム2（1試合3分）

[ルール] （①②はゲーム1と同じ手順）

③ **You can't dribble(you can only pass).**
ドリブルをしない。パスだけを使う

[手順]

　ゲーム2は、ドリブルに制限を加えることで、どのように相手のマークを外し、動きによって空いているスペースを作り、そこへ走りこんで味方のボールをキャッチするかを考えることを促すゲームです。

　ゲーム2では、ドリブルができないので生徒はよく考えてパスをしようとします。ゲーム2での動きの向上について iPad で撮影したものを紹介し、プレーの良さを賞賛します（英語で動きを解説します）。

iPad の映像の動きに見入る
日本の小学生（9歳）

映像と"Off the ball movement"のトークから
作戦を考えるイタリアの中学生（14歳）

 ふりかえりの時間

Reflection time：Share their comments and write them on the worksheet.
ふりかえりシートを書き感想を伝え合う。
チームワーク、フェアプレー、声のサポートの重要性に気づく。

　Yes or No で答えさせながら、バスケットボールの動きについて、下の「ふりかえりシート」に記入し、感想を日本語で言い合います。このシートを用いた形成的評価により、生徒の自己効力感を見取ることができます。筆者らが、実際にゲーム1とゲーム2の向上を分析したところ、動きのパフォーマンスが大きく向上し、このふりかえりシートにも運動への動機を高める様子がわかりました。さらに中学校段階では、教師がふりかえりシートの英語を読んで動作を見せながら記入させると、良い英語のインプットになるでしょう。

Let's play Basketball in English （Pass & Run）

Name（   ）

Your colour （   ）

5

Your number （   ）

1,	Were you impressed with our class ?	(Yes	Neither	No)
2,	Were you able to improve your skills?	(Yes	Neither	No)
3,	Did you find a new technique or tactics?	(Yes	Neither	No)
4,	Did you do your best?	(Yes	Neither	No)
5,	Did you enjoy our lesson?	(Yes	Neither	No)
6,	Were you able to keep challenging yourself?	(Yes	Neither	No)
7,	Were you able to "Pass and run"?	(Yes	Neither	No)
8,	Were you able to cooperate with your teammates?	(Yes	Neither	No)
9,	Were you able to help and assist with your teammates?	(Yes	Neither	No)

バスケットボール授業の形成的評価（作成：宍戸隆之）

　ふりかえりを行いながら、「ナイスプレー」をほめる、応援する等の英語はどのようなものがあるか学びます（下記参照）。スポーツでは、励まし合うコミュニケーションがなぜ大切であるか考えさせます。

Praising Words & Sending Cheers

凄いよ	Good job! Well done!
惜しいね	Nice try! Close!
もう一回	One more try!
どんどん行こう	Go for it!
心配しないで	Don't worry!
エールを交換しよう	Let's exchange yells.
スペースを探して走れ	Find a space to run.
味方にパスして	Pass the ball to your teammate.

Lesson 05 — Where do Insects Live? 「昆虫の住むところ」 高学年

子どもたちは小学校 2 年生で生活科で校区の昆虫に親しみ、また、小学校 3 年生では、理科で昆虫の完全変態や蝶の孵化(ふか)を身近に体験してきています。この Lesson では、小学校 5 年生の生徒を対象として、「昆虫の住むところ」をテーマにしました。「虫の世界はじつにゆたかで、ありとあらゆることを考えさせてくれる。虫の興味は見つくすことができないほどだ。」と、ファーブル博士は昆虫記に記しています。「風景や自然」と「昆虫のすみか」の密接な関係を学ぶとともに、『ファーブル昆虫記』を元にした再話（Retold Story）を聞いて、ゆたかなインプットの中から語彙や表現を学びます。

 このレッスンで使用する単語やフレーズ

使えるようにしたい表現（産出）

Where? I am here. I am in the tree.
（どこにいますか。ここにいます。木の中です。）

in / on / under / behind / by / above / between A and B

The insects have six legs. （昆虫は 6 本の足を持っています。）

The insects have three body parts. （昆虫の体は 3 つの部分からできています。）

わかるようにしたい表現（受容）

head (頭) / thorax (胸) / abdomen (腹) / antenna (触覚) / jaw (あご)

lay an egg (卵を産む) / hatch (孵化させる) / larva (幼虫) /

grow (成長する) / turn into (〜に変わる) / pupa (さなぎ)

昆虫をテーマにした『オトシブミの一生』に出てくる絵を見ながら耳をかたむけます。昆虫の部位（名詞）や動作（動詞）を表す語句です。

 4C ＆ねらい

Content

● 昆虫の生態や餌と、その住むところには関係があることに気づき、背景知識を活性化して様々

な昆虫を風景図の中に位置づける。絵本・図鑑・インターネットを活用する。

Communication

- 場所を表す前置詞を使い、昆虫が自然や風景のどこに住んでいるか、ティーチャートークの中で示す。"Where？""It's 〜 ."という表現を繰り返し、昆虫の住むところの図を完成させる。協力して、話し合いながら図を完成する。

Cognition

- 昆虫と昆虫でないもののカテゴリー分けを行い、昆虫がそこに住むわけを考える。昆虫の成長（脱皮や変態など）についてストーリーを聞いて楽しむ。

Culture / Community

- 自分の住んでいる場所とその自然や環境について考える。

Cognition×Language Structure　思考×文構造

ティーチャートーク例

T	What do you see in the picture?
S	てんとうむし？
T	Yes, it's a ladybug.
T	Where?
S	葉っぱの上。
T	Yes, it's a ladybug on the leaf.

葉っぱの上にいるけどエサは何かな。
（エサと住みかの関係）

---

③ 準備するもの

- 自然の中にいる昆虫の写真や図（拡大絵カードやパワーポイントに作成）
- 身近な風景の中で録音した音（IC レコーダー使用）
- 風景の絵、自分の町の自然の絵、前置詞（位置）がわかる絵カード
- 昆虫の生き物カードと、昆虫ではない生き物カード
  （例：beetle, butterfly, ant, snail, ladybug, firefly, dragonfly, cicada, grasshopper, mantis, stag beetle, spider など）
- 絵本『オトシブミの一生』（英語再話）のパワーポイント

④ 授業の進め方

▶ **昆虫の住むところ**

| 1 時間目 |

	導入	自然や街の音を聞く。風景について知っていることはあるか。
	単語や表現	自然の中にいる生き物のスライドを見る。
	グループ活動	風景の絵の中に昆虫を置く。
	思考共有	調べた昆虫やその住むところを紹介／比較・分析：住むところごとにカテゴリー分けをする。考えを共有する。
	書く活動	言いたいことに合う単語を選んでなぞり書き。

| 2 時間目 |

	復習	単語やフレーズの復習 & 音韻認識
	住むところ の表現	住むところと前置詞の単語を結びつける。
	グループ活動	グループでミニプレゼンテーションをする。

| 3 時間目 |

	理科内容の深化	ファーブル昆虫記の話を聞く。
	グループ活動	「お話再構成タスク」（絵を並べる）
	聞く活動	話の再構成がうまくいったかを確かめる。
	ディスカッション	身近な生活や自然との関わりについて話し合う。（教師が質問し、生徒は日本語で考えを述べればよい）

1 時間目

導入

Listen to the sound of nature and look at the landscape.
What sound do you hear?　What do you see in the picture?

自然や街の音を聞く。風景について知っていることは？

学校の近くの街や森で録音した音声ファイルを聞かせると、想起しやすいでしょう。

country scape

seascape

cityscape

単語や表現

Look at the picture of the landscape

自然の中にいる生き物のスライドを見る。

生徒とのやり取り例

T What is this ?

S　はち？

T Yes, it's a bee. Where?

S　花の間？

T Yes! It's between the flowers.
　　Is it an insect?　How many legs?

S　足は 6 本。羽もある。

いろいろな昆虫や生き物のスライド例

dragonfly (on a rock)

butterfly (in a flower)

snail (on moss)

starfish (under the sea)

グループ活動

Put the insects cards into the landscape in groups.
風景の絵の中に種類分けをしながら、昆虫カードを置く。

　グループで協力して1枚の風景の絵（下の「思考共有」の写真を参照）の中に昆虫を置きます。2枚程度のブランクカード（白いカード）を用意し、それ以外の昆虫を思い出したり、図鑑で調べたりしながら描きます（創造性を働かせる）。

 思考共有

Categorize the insect cards into groups.
Share the students' thoughts with each other.
昆虫の住むところなどでカテゴリー分けする。考えを共有する。

　グループで話し合いながら、住むところを考えて、昆虫をカテゴリー分けをします（比較・分析）。考えを共有するために、生徒にはスクリーンのスライドに絵を貼らせます。教師は、"Where?" "It's in the tree." などとやり取りしながら進めます。（上図、授業者：宮沢浩介）
　全員が考えを共有するギャラリー・トークを行います。自分のグループでできた風景と昆虫の図をそのまま机におき、グループで1名は説明係として残り、他のメンバーは他のグループの図を見に行って、自分たちの考えと比べます。説明する際は日本語を使ってもかまいません。

生徒（小5）のグループ作品

文字指導ワークシート

書く活動

What do you want to say? Let's write the words.
言いたいことに合う単語を選んでなぞり書き。

　言語活動の経験をとおした内容について文字指導をします。まず、住むところとして考えた "tree, grass, lake, rock" などは、風景の絵を使って聞かせます。次に、何度も聞いたり使ったりした表現のモデル文を教師がワークシートに作成し、生徒に人気の高かった昆虫について1つの文のなぞり書きをする「書く活動」を行います（例：I am a beetle in a tree. 前ページ図参照）。ここでは "It's" などの短縮形は書き写すことは難しいため、"I am" で代用します。

授業の進め方	**2 時間目**

 ## 単語やフレーズの復習 & 音韻認識 (Phonemic Awareness)

Let's review the words and phrases and learn English sounds.
単語やフレーズを復習し、英語らしい音を学ぶ。

　絵カードを使って、前時に CLIL の内容場面で先に出会った単語やフレーズをあらためて想起させます。音のかたまりや、単語の先頭の音に注目させ、英語らしい音と綴りに慣れさせます。アクセントのある音節（Syllable）は大きな●で、アクセント以外の音節は小さな●で視覚的に表し、手をたたきながら英語の音のかたまりを感じるように指導します。

　このような活動を音韻認識（PA：Phonemic Awareness）といいます。また、ここでは扱う単語は、音読みの先頭音から推測しやすいものを選ぶため、昆虫以外の生き物も入れます。生徒には音韻認識の説明はしませんが、英語らしい音を意識させます。（例：●●● but・ter・fly）

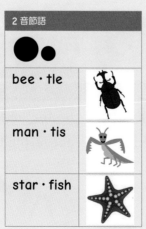

1 音節語	2 音節語	3 音節語
●	●●	●●●
bee	bee・tle	grass・hop・per
ant	man・tis	but・ter・fly
snail	star・fish	dra・gon・fly

表現

Let's learn preposition words.
住むところと前置詞の単語を結びつける。

　場面に出てきた住むところを表す単語をここで学びます。「果物と箱」「筆箱とペン」を使って、in/on/under/by/above/behind/between などの空間イメージと前置詞の単語を結びつけます。右図のような前置詞の絵カードを使ってもよいでしょう。また筆者作成の前置詞イメージ ICT 教材も参照してください。

(p.111 参照：Let's Learn Propositions)

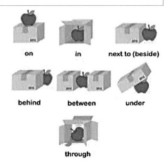

 ## グループ活動

Categorize and put the cards in the places where the insects live.
昆虫が住むところを考えて、昆虫と絵カードを置く。

　風景の中のどの辺りに住んでいる昆虫か、グループで話し合ってカテゴリー別のチャート（下図）に昆虫カードを置きます。また、前置詞のカードを選んで置きます。次にグループでその理由を考えさせます。チャートを使ってカテゴリーにした図をのりで貼り、グループのポスターを完成させます。

　"on a tree" などのカードはプリントに書いておき、"on 〜" はこれかな？と昆虫の絵を選んで、切り取ってチャートに貼ります。チャートを使ってミニプレゼンをしてもよいし、掲示するだけでもよいでしょう。

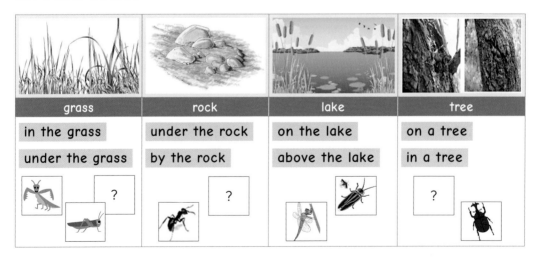

理由についての子どものつぶやき例：

敵から見えないから／水のそばに卵を産むから／蜜を吸うから／木の蜜が好きだから

授業の進め方 **3時間目**

 理科内容の深化

Listen to Dr. Fabre's story. You can be Dr. Fabre.
ファーブル昆虫記の話を聞く。

　これまでに習った昆虫の内容や、英語の表現を、さらに理科内容と関連した場面に応用し深化させます。ここでは教師が再話したファーブル昆虫記の話を聞きます。話を英語で聞かせる前にファーブル博士のエピソードを日本語で話します。

　聞きなれない単語は、絵＋ジェスチャー＋昆虫の背景知識で、聞かせる程度にします。

cut the leaf 葉を切る	**lay an egg** 卵を産む	**hatch from an egg** 卵から孵化する
fall down 落ちる	**turn into** ～に変わる	**larva** 幼虫 **pupa** さなぎ **adult** 成虫

Episode of Dr. Fabre　ファーブル博士のエピソード

　ファーブル博士は、木の葉をスティックでたたいて、こうもり傘をさかさにしてオトシブミを採集しました。知らない昆虫を見つけたら、わかるまで何度も通って採集して調べたそうです。

ファーブル博士

天狗の手紙とも呼ばれる
「オトシブミ」

「オトシブミ」が見られる
長野県安曇野

コラム　　　　**再話「オトシブミの一生」**

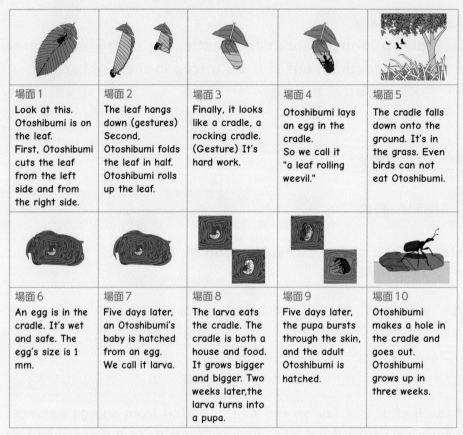

場面1	場面2	場面3	場面4	場面5
Look at this. Otoshibumi is on the leaf. First, Otoshibumi cuts the leaf from the left side and from the right side.	The leaf hangs down (gestures) Second, Otoshibumi folds the leaf in half. Otoshibumi rolls up the leaf.	Finally, it looks like a cradle, a rocking cradle. (Gesture) It's hard work.	Otoshibumi lays an egg in the cradle. So we call it "a leaf rolling weevil."	The cradle falls down onto the ground. It's in the grass. Even birds can not eat Otoshibumi.

場面6	場面7	場面8	場面9	場面10
An egg is in the cradle. It's wet and safe. The egg's size is 1 mm.	Five days later, an Otoshibumi's baby is hatched from an egg. We call it larva.	The larva eats the cradle. The cradle is both a house and food. It grows bigger and bigger. Two weeks later, the larva turns into a pupa.	Five days later, the pupa bursts through the skin, and the adult Otoshibumi is hatched.	Otoshibumi makes a hole in the cradle and goes out. Otoshibumi grows up in three weeks.

　パワーポイントスライドを使い紙芝居風に話をします。ストーリー性がありますが、理科らしい観察日記でもあるので、First, Second, Third などは指で示し、動き（動詞）はジェスチャーを使って聞かせます（参照：本書関連 CLIL サイト）。

　グループ活動

Do you remember how an egg turned into a butterfly?
卵はどのように蝶に孵化するかな？

　「お話再構成タスク」（音声ディクトグロス）をします。ファーブル昆虫記の「オトシブミ」エピソードの読み聞かせをし、次に、グループで助け合って話の順番に絵を並べたり番号を入れたりします。上の図の挿絵を用意し、グループで絵を並べる際に協力することで、教師のストーリーテリングにより深く耳を傾けることができます。2回目は、1回目にわからなかったところ

を集中して聞くようにします。蝶の孵化については、理科の学習で背景知識があるため、生徒は真剣に何度でも聞こうとします。絵の並べ方には、以下の2つの方法が考えられます。

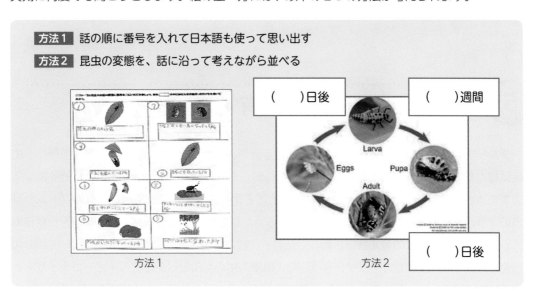

方法1　話の順に番号を入れて日本語も使って思い出す
方法2　昆虫の変態を、話に沿って考えながら並べる

方法1

方法2

 聞く活動

Let's review the story.
話の再構成が上手くいったかを確かめる。

　教師と生徒で挿絵を並べながら、音声ディクトグロスが上手くできたか確かめ、もう一度、話を楽しみます。

 ディスカッション

Discussion：How insects grow in nature
昆虫は自然の中でどう成長するか（教師が質問し生徒は日本語で考えを述べてよい。）

　「博士は、なぜ昆虫に興味をもったのかな。」「昆虫は自然の中でどのように成長しているのかな。」などと思考を促し、身近な生活や自然との関わりに興味をもたせる質問をジェスチャーをもちいて問いかけます。教師は、"How did Fabre collect the insects?" "How do the insects grow?"と話しかけても、生徒は意味を推測しやすくなっているでしょう。海や山へと出かけた時には、昆虫の学習をした時の英語を思い出し、自然への興味をもつ生徒へと成長してくれることでしょう。

How can you collect insects?
皆はどのように昆虫を採集するかな？

（ジェスチャー）

⑤ つぶやき・成果物を共有する

　グループで昆虫カードを風景の中に置いている時や、ギャラリー・トークをしている時は、生徒は様々なつぶやきをします。「この虫、ぼくも知っている。」「えっ、トンボは水の近くにいるはずだよ。ヤゴ見たことあるから。」「蜘蛛は足が 8 本だから昆虫に入らない。」「カブトムシは夜のほうが元気。」その多くは日本語ですが、習った昆虫の名前や場所を英語で言い合う生徒も見られます。友だちとの教え合い、新しい発見、比較や理由付け、経験からの思考は、CLIL の授業の特徴です。生徒がカテゴリー分けした、風景の中の昆虫をビジュアル・オーガナイザーとして教室に掲示して、昆虫の餌や天敵、その小学校ならではの校区（川や湿原など）の状況に発展させ、自然と環境を考えるプロジェクト学習につなげることもできます。

📚 **コラム**　　下左図は、イギリスの小学校 3 年生の壁面の掲示です。母語が英語であるイギリスでも、他教科と国語（英語）を関連させ、たくさんの昆虫の絵本や図鑑を読み聞かせて、実に豊かなことばに触れる環境を作っています。未来の地球市民として、教科特有の言葉は、身の回りの生き物や環境を考えていく際にとても大切なものであると教師たちは理解し、教材研究をしています。中央の図は、子どもたちは、校庭観察池を探検し、どのような昆虫がどこに住んでいるか記録し、それをグラフに表しています。子どもが取り組む「リサーチ」であり、科学的なものの見方を育てています。

イギリスの小学校 3 年生の作品　　イギリスの小学校 3 年の生作品　　イギリスの小学校での活動
「昆虫の Bulletin board」　　　　 「校庭の昆虫たちリサーチ」　　　　「校庭・観察池で調べる」

　日本の小学校にも畑、観察池、プール、四季の実がなる木などがあります。日本の豊かな自然や環境や他教科の指導法を、もっと英語学習につなげていくことが CLIL では可能になるでしょう。

❯ 導入に活用できる絵本や教材

絵本

・*Our Sweet Home*（2011）中本幹子、アプリコット社

・*A Butterfly's Life*（2016）Science Reader 1、啓林館

・*Minibeasts*（2018）Robin Twiddy, Booklife Publishing

・『おとしぶみのゆりかご』集英社ファーブルの伝記をもとに
　一般的なおとしぶみの生態から再話（柏木賀津子・宮沢浩介）

前置詞イメージスキーマ ICT 教材

『Let's Learn Prepositions』

柏木賀津子、スティーブ・ヒルディア共同開発　（2015 年）

Flush アニメーション教材

⇒　http://suite3d.com/osaka/

コンテンツ①　Let's learn Prepositions
　（フレーズから前置詞の意味が推測できるようになっています。）

コンテンツ②　Banana Man makes a salad.
　（バナナマンが、キッチンで冷蔵庫から様々な食材を取り出すシーンでティーチャートークを聞きます。楽しいアニメーションを楽しみながら、前置詞のふくまれたフレーズに親しめます。）

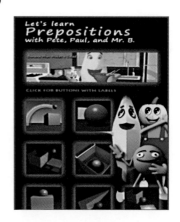

Lesson 06 Symmetry/Asymmetry and Indigo Dye 「対称・非対称と藍染」 中1

藍染は日本人には親しみがある染め物ですが、生徒たちは、それが日本で古くから受け継がれてきた伝統工芸であるということはあまり知りません。藍で染められた布は見たことがあるけれど、藍という植物を見たことがなく、どのように染めるのか知らないことがほとんどでしょう。

この授業では、日本の伝統工芸である藍染を題材に、対称・非対称といった図形の基本知識を学び、どのように布を縛れば、自分が思うようなデザインができ上がるのかを考えます。藍染は専用キットを使って簡単にできるので、ぜひ一度取り組んでみてほしいと思います。

① このレッスンで使用する単語やフレーズ

使えるようにしたい表現（産出）

This is a picture of symmetry (asymmetry).
（これは対称（非対称）です。）

They are the same (different).
（これらは同じ（違う）よね。）

わかるようにしたい表現（受容）

symmetry / asymmetry / design / put / take〜out

If the right side and the left side of a shape are the same, it's called "symmetry." （左右の形が同じものは「対称」と呼ぶよ。）

If the right side and the left side of a shape are different, it's called "asymmetry." （左右の形が違うものは「非対称」と呼ぶよ。）

Compare the first design you drew and the handkerchief. （最初に書いたデザインとハンカチを比べてみよう。）

Put the handkerchief into the bucket. （ハンカチをバケツにいれて。）

Wait five minutes and then take it out. （5分待って取り出してごらん。）

② 4C＆ねらい

Content
- 「図形の対称」「図形の非対称」「図形の平行移動」の違いを理解する。
  （数学、中学1年生）
- 藍染で自分のオリジナルデザインのハンカチを作成する。

Communication
- 様々な図形や絵を見て、Teacher Talkの "Is this a picture of symmetry or asymmetry?" を繰り返し聞くことで、表現に慣れる。
- 藍染の作業をしながら、design、put、wait、take 〜 out などの表現を身に付ける。

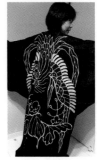

藍染の着物

Cognition
- 図を見て、対称か非対称かの違いが認識できる。
- 自分のデザインの before・after を比べる、友だちの作品と比べるなど違いに気づく。
- 自分が描いた図と同じデザインの藍染ハンカチを作るためには、輪ゴムをどう縛ったら良いのか考えて作成する。
- 日本の伝統工芸の継承していくために、自分に何ができるのかを考える。

Culture / Community
- 日本の伝統工芸である藍染の方法を知る。
- グループで実際に藍染体験をする。

Cognition×Language Structure　思考×文構造

ティーチャートーク例

T	Is this a picture of symmetry? （これは「対称」な図かな。）
S	Yes, it is. （はい、そうです。）
T	How about this? Is this a picture of symmetry or asymmetry? （では、これは「対称」かな「非対称」かな。）
S	Um ... asymmetry. （うーん、非対称です。）
T	Yes, that's right. （はい、その通りだね。）
T	Why did it turn out like this? （どうしてこのようになったのかな？） Well ... I tied too many times. （うーん、ちょっと縛りすぎたかな。）

③ 準備するもの

- 藍染についての Teacher Talk のためのスライドや絵カード、藍染作品等
- 画用紙・スライドなどに示された「対称」な図、「非対称」な図
- 市販の藍染キット（液、藍ソープ、水）
- バケツ、輪ゴム、ハンカチや布、ビニール手袋など

④ 授業の進め方

▶ **対称・非対称と藍染**

	導入	日本の伝統工芸である藍染を紹介する。
	知る	藍染について知っていることを話し合ったあとに、作業工程を学ぶ。
	考える	図形が対称・非対称か、平行移動させるとどうなるか考える。
	予想する	自分の好きなデザインを考えてから、 それと同じデザインに仕上がるようにハンカチを輪ゴムで縛る。
	創る	藍染に挑戦する。ハンカチをバケツに5分間つけてから取り出す。
	比較する	最初に書いたデザインとハンカチを比べる。
	確認する	図形についてのクイズをする。
	話し合う	染色を楽しめる他の草木や身近な素材について調べ、話し合う。

導入

> **T** Do you know what this plant is? It is called indigo.
> Indigo can dye fabric like this kimono. People used to
> wear clothes dyed with indigo.
>
> この植物知ってる？　藍（インディゴ）です。インディゴは、化学変化を起こしてこの
> 着物みたいに布を染めることができるんだよ。人々はかつて藍で染めた服を着てたんだよ。

　「藍染ってなあに？　日本の伝統工芸である藍染は、古くからある藍を使った草木染です。藍の葉に含まれる物質が様々な化学反応を起こすことでインディゴが生成され、深い藍色に染まります。人々はかつて藍染の服を着ていました。」

　というような Teacher Talk をしながら、写真を見せて紹介します。

dried indigo leaves

indigo-dyed cloth

bucket and water

dye

知る

> Have you tried dyeing with indigo? These are handkerchiefs
> dyed with indigo dye. Do you know how to make them?
>
> 藍染をしたことはありますか？これは藍染ハンカチです。作り方はわかるかな。

　藍染は簡単にできるので、観光地等で体験したり、どこかで見たりしたことがあるかもしれません。教師と生徒、生徒同士でやり取りをしながら、藍染について知っていることを話し合います。その後、パワーポイントなどのスライドで藍染ハンカチの作り方を学びます。

【藍染の方法】

市販の藍染キットを使って簡単に藍液を作ることができる。①ハンカチを輪ゴム等で縛って、②・③藍液に数分間漬け、④洗い流すだけ。その後、⑤藍ソープで洗うと色落ちを防ぐことができる。

Now I will demonstrate how to make the design. First, if you pick and tie like this (as shown), the design will turn out like this. If you tie two or three times, it will turn out like this. You can use chopsticks too.

では、デザインの仕方を見せますね。まず、つまんでこのように縛ると、その模様がこのようになります。2〜4回縛ると、このようになります。割りばしを使って縛ることもできます。

 ## 考える

When you cut here, are the right side and the left side the same or different?
Yes, they are the same. If the shapes on the right side and the left side are the same, it's called "symmetry".
If they are different, it's called "asymmetry".

ここで切ったとしたら、左右は同じ形？違うかな？はい、そうだよね。同じ形になったね。これを「対称」と呼ぶよ。もし、形が違っていたら「非対称」と呼ぶよ。

数学の図形について Teacher Talk をします。図形が「対称」「非対称」か考えます。ここでは、スライドの他、画用紙や折り紙など、様々な素材をもちいて、実際に手を動かして考えるとよいでしょう。

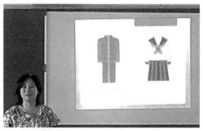
この絵をどこで切ったら対称？

切り紙を使った図

アルファベットは対称？

　さらに、「線対称 (line symmetry)」「点対称 (point symmetry)」の概念を理解するためにスライドで動く図を見せます。スライドや絵カード等を使って図形を動かすことで、視覚が理解を助けます。スライドは一度作ると、その後もずっと使えるというメリットがありますが、もちろん紙などの手作りの教材でも効果的です。

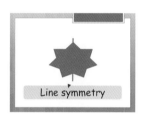
線対称の例

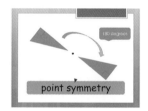
点対称の例（図は回転する）

❓ 予想する

Let's make our original handkerchiefs. Use this rubber band to tie your handkerchief with. If you tie here, it will come out like this. Any questions?

では、オリジナルハンカチを作ろう。輪ゴムでハンカチを縛ってみよう。ここで縛ったら、このようになるよ。質問はある？

想定される質問

- 何か所縛ったらよいか ➡ 何か所でも OK。
- 縛ったところは丸くなるのか ➡ 丸い球を入れて縛ると丸くなるが、輪ゴムだけなら四角に近くなる。
- 何重にも縛りたい時はどうすればよいか ➡ 割りばし等長いものをはさんで輪ゴムで何か所か縛る。

ワークシートに、自分の好きなデザインを考えてから、それと同じデザインに仕上がるように
ハンカチを輪ゴムで縛っていきます。まずは教師が実際にやって見せます。生徒はどうすれば同
じように仕上がるのか考えながら作業します。また、描いたデザインについて友だちと考えを話
し合うよう促します。

ワークシート

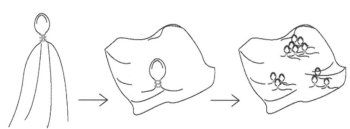
輪ゴムでの縛り方（中にビー玉を入れるときれいな円になる）

 創る

> **Let's start dyeing! Put the handkerchief into the bucket.
> Wait five minutes and then take it out. How did it turn out?**
> さあ、藍染を始めよう。ハンカチをバケツに入れて。5分経ったら取りだしてごらん。どうな
> ったかな？

　実際に藍染に挑戦してみます。藍液が服につくと取れないので、汚れてもよい服やエプロンを
着用して行います。ハンカチを藍液に漬ける時は手袋や菜箸を使用し、素手で直接、液に触れな
いように注意します。ハンカチを洗い場に持っていく時は、床に液が落ちないように洗面器を使
用します。

Put it into the bucket.

Wait 5 minutes.

Wash hands well.

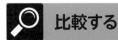 比較する

Compare the first design you drew with your handkerchief.
最初に描いたデザインとハンカチを比べてみよう。

Are they same or different?　これらは一緒？　違ってる？
Why did it turn out like this?　なぜこのようになったのかな？
How did you create this design?　どうやってこのデザインを考え出したのかな？

　ワークシートと実際に染めたハンカチのデザインを比べてみると…考えて輪ゴムで縛ったはずなのに仕上がりが違うこともあります。グループで話し合ったり、それぞれの作品を見ながらよいところを述べ合ったりします。

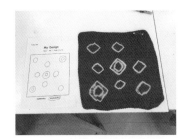  

生徒の作品例（自分が描いたデザインと比較する）　　　染め上がったハンカチをほどく

 確認する

Let's do the exercises in English.
英語で練習してみよう。

　図形について理解できているか、下のように対称・非対称を問う簡単なミニテストをします。これは次時に行ってもかまいません。英語で行われた内容を理解できているかをはかるためなので、symmetry などの文字が書けるかを問う必要はありません。

1. この図は対称か非対称のどちらですか。

①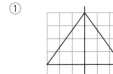

symmetry / asymmetry

②

symmetry / asymmetry

③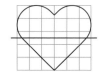

symmetry / asymmetry

2. 対称の図を完成させよう。

④ 　⑤ 　⑥ 　⑦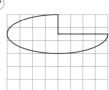

 話し合う

> **What did you learn today? What do you know about indigo dye now?**
> どんな学びがありましたか。藍染についてわかったことは何かな。

　授業のまとめとして、藍染や日本の伝統工芸の継承と発展について、藍染の方法などについて振り返りをします。また、染色を楽しめる他の草木や身近な素材についてグループで話し合うと良いでしょう。花びら（flower petals）、ウコン（turmeric）、ベリー類（berries）、など色々あります。クラスの実態に合わせて、Making original handkerchief was a lot of fun. など藍染体験の感想を英語で書かせるのもよいでしょう。

flower petals　　　　　　turmeric　　　　　　　berries

📚 **コラム**　　「藍染」というと準備が大変そうですが、市販の専用キットを使えば手軽にできます。伝統工芸を継承・発展させていくという学習指導要領の目標に合致した教材です。日本の素晴らしい文化を外国に発信していくことは、グローバル教育・異文化理解教育の視点からとても大切なことではないでしょうか。

　授業では、作業をしながら話すと、生徒は英語を聞かなくても見ればできると考えがちなので、図や動作を見せながら英語表現を繰り返すなど、言葉に注意を向けさせましょう。ジェスチャーやスライド等の視覚情報があれば、英語の説明でも理解できます。オリジナルのものづくりは、生徒が大好きな活動の1つです。一気に説明するのではなく、生徒とのやり取りを大切に、理解度を確認しながら進めたいものです。

指導案の例

配当所要時間	生徒の活動
3分	1．藍の葉、藍染の様子、染めたハンカチの写真等を紹介 Do you know what this plant is? It is called indigo. The indigo can dye fabric like this kimono. People used to wear clothes dyed with indigo. Have you tried dyeing with indigo? These are handkerchiefs dyed with indigo dye. Do you know how to make them? Let's dye a handkerchief.
3分	2．図形を見せながら「対称」「非対称」という言葉を確認 Now I will demonstrate how to make the design. First, if you pick and tie like this, the design will turn out like this. If you tie two or three times, it will turn out like this. You can use chopsticks too. When you cut here, are the right side and the left side the same or different? Yes, they are the same. If the shapes are the same, it's called "symmetry". If they are different, it's called "asymmetry". 評価の観点【主体的に学習に取り組む態度】（生徒の発話）
4分	3．ハンカチと輪ゴムを使って、模様の付け方を確認 Everyone, please watch closely. Let's make our original handkerchiefs. Use this rubber band to tie your handkerchief with. If you tie here, it will come out like this. Now, make your own design. 評価の観点【思考力・判断力・表現力等】（デザイン，染色活動）
10分	4．デザインを考える
20分	5．藍液に5分間つける。その後藍ソープですすいで固く絞る。 Let's start dyeing! Put the handkerchief into the bucket. Wait five minutes and then take it out. How did it turn out? Dry the handkerchief like this.
5分	6．描いたデザインと、ハンカチのデザインを比較してみる。 Compare the first design you drew with your handkerchief. Are they the same or different? Why did it turn out like this? How did you create this design?
5分	7．まとめとふりかえり 　藍染について、対称・非対称について確認。 Let's review today's lesson. We tried dyeing with indigo dye today. Is this a picture of symmetry or asymmetry?

藍染キット：田中直染料店「天然藍濃縮液」を使用 http://www.tanaka-nao.co.jp/

Lesson 07

Taste Buds and Umami
「味蕾細胞とUmami」 中2

　見る、聞く、触る、匂いをかぐなどの五感と言われる刺激や感覚（視覚、聴覚、触覚、嗅覚、味覚）を受け取るヒトのからだの感覚器官（目、耳、鼻、舌、皮膚など）は、受容器と呼ばれており、味覚には「味蕾」という細胞が関係しています。

　近年、朝食の欠食や偏食、不規則な食事などが問題視されていますが、ここでは、中学校理科で扱うからだの感覚器官と、世界無形文化遺産である和食のうま味を題材にして、からだの不思議を学び、食べ物の味に注意を払いながら毎日の食事の大切さについて考えます。

 このレッスンで使用する単語やフレーズ

使えるようにしたい表現（産出）

How does it taste? 　（どんな味がするのかな。）

It tastes bitter. 　（苦い味がする。）

I can taste it with my tongue. 　（舌で味を感じることができる。）

We have about 10,000 taste buds. 　（1万個の味蕾がある。）

sweet（甘い）/ **salty**（塩辛い）/ **sour**（すっぱい）/ **bitter**（苦い）/

five senses：sight（見ること）/ **smell**（匂い）/ **hearing**（聞くこと）/

touch（触感）/ **taste**（味わう）

おぼえたい表現（受容）

What food is in the box? 　（体のどの部分で味を感じているのかな。）

Which part of the body do you taste with?

（体のどの部分で味を感じているのかな。）

How does it taste? 　（どんな味がするか？）

Categorize these foods into four taste groups.

（これらの食べ物を4つの味に分けてみよう。）

4C &ねらい

Content

● 刺激や感覚を受け取るヒトのからだの感覚器官（受容器）の中で、味覚は「味蕾」という細胞
　が関係しており、この細胞は 10 日前後の寿命で次々と新しい細胞に入れ替わることに気づく。

● 食べ物の分類活動をとおして、味蕾が感じるものは基本 4 味とうま味であることを知る。

Communication

● Teacher Talkや活動をとおして、ターゲットとなる文や語を繰り返し、慣れる。

● 目標構文：You can taste the food. How does it taste?

Cognition

● 感覚器官とその役割について考える。

● 味蕾の役割と、味覚を育てることの大切さを知り、食べ物の味に注意を払いながら自分自身の
　毎日の食生活について考える。

Culture / Community

● 和食の「うま味」の秘密を見つける。

● 「うま味」を含む外国の食べ物を探す。

Cognition×Language Structure　思考×文構造

<table>
<tr><td rowspan="10">ティーチャートーク例</td><td>T</td><td colspan="2">Which part of the body do you see with?（体のどの部分でものを見るのかな。）</td></tr>
<tr><td>S</td><td colspan="2">Eyes!</td></tr>
<tr><td>T</td><td colspan="2">Yes, which part of the body do you taste with?</td></tr>
<tr><td></td><td colspan="2">（体のどの部分で味を感じているのかな。）</td></tr>
<tr><td>S</td><td colspan="2">Tongue!</td></tr>
<tr><td>T</td><td colspan="2">Yes, that's right. How?</td></tr>
<tr><td></td><td colspan="2">［このように生徒が考えなければ答えられないような発問を工夫したい］</td></tr>
</table>

3　準備するもの

● マジックボックスクイズ用の箱（手を入れたり匂いをかいだりする穴を開けておく）

● 箱の中に入れる食べ物（缶、パスタ、チョコレートを使用）

● ラミネート加工をした食材ピクチャーカード

④ 授業の進め方

▶ **味蕾細胞とumami**

	導入	マジックボックスで感覚クイズをする。
	知る	味蕾細胞の仕組みや働きをスライドで説明する。
	グループ活動 （分類する）	4つの「味」についてグループで食材カードを分類する。
	話し合う	毎日の食生活に大切なものは何かディスカッションする。

授業の
進め方

　導入

Let's try "Magic Box" Quizzes.
Everyone, look at this box. What kind of food is in the box?
Any volunteers? Come to the front.
箱の中にはどんな食べ物が入っているかな。挑戦したい人は？　前に出てきてください。

　目で見えるもの、触ってわかるもの、匂いを嗅いだらわかるものを体験します。普段知っている食べ物でも、情報が少なかったり、思い込んでいたりすると案外わからないものです。ここでは、ゲーム感覚で、感覚器官の働きとその大切さを学びます。

　中に食べ物を入れたマジックボックス（中身の見えない箱）を使って、生徒が、五感を使いながら、何が入っているのかを当てる活動です。特に変わった食べ物ではなくても、触ったり、匂いをかいだりすることで、ワクワクする気持ちになります。

マジックボックス活動

T You cannot *see*, you cannot *touch*, but you can *smell* the food. What is this?

T [触覚の例] Chocolate, good, now, you cannot *see*, but you can *touch* the food. What is this?

S Umm ... beans?

T Really? Are you sure?

S Oh, pasta!

T Yes, you are right!

　クイズの後は、英語で活動を振り返ります。クイズに使った食べ物を見せながら、五感を使ってクイズの内容を確認します。see-eyes、touch-hands、smell-nose という関係に注目しながらスライドの文を読んで確認します。

I can smell it with my nose.　　I can touch it with my hand.

文を整理し、確認するためのスライド

 知る

You can see with your eyes, touch with your hand, and smell with your nose. Now, which part of the body do you taste with?

目で見て、手で触れて、鼻で匂いをかぐんだよね。では、体のどの部分で味わうんだろう？

　五感は、動物やヒトが外界を感知するための感覚器官です。食べ物を味わうためにはどんな細胞の働きがあるのか考えます。食べる時にどう感じるかを話し合ったり、体の部分のカードを使って考えさせても良いでしょう。

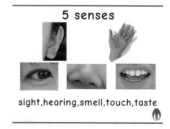

5 senses

sight,hearing,smell,touch,taste

I'll tell you an amazing fact about the taste buds.
Which part of the body do you taste with? Yes, mouth,
tongue. You have many "taste buds" on your tongue. Do you
know how many? The answer is about 10,000!!
Taste buds renew themselves every ten days. Our tongues
are very sensitive.

からだの秘密を教えてあげましょう。どの部分で味を感じているのでしょう。そう，口や舌。舌にはたくさんの味蕾がありますが，どれくらいあるか知っているでしょうか？　答えは…なんと約1万個！　味蕾は10日ごとに生まれ変わります。舌は繊細なのです。

　ペアやグループで答えを考えさせます。ヒントを与えながら正解に近づけていくと良いでしょう。

発展・繊細な舌のために注意したいこと

(1) You shouldn't eat strong tasting food.
(2) You shouldn't be picky about food.
    You should be able to eat anything.
(3) You should pay attention to how
    food tastes.

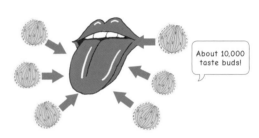

Taste buds!

About 10,000 taste buds!

 ## グループ活動

Let's categorize food.
Please get into groups of four and categorize these foods
into four taste groups. You have 2 minutes.

では、食べ物を4つに分類してみよう。4人グループになって、2分間で準備をしよう。

　人が感じる「味」にはどんな種類があるでしょうか。食べ物の味を考えてピクチャーカードを分類する活動が、この授業のメインです。カードを味ごとに分けて並べますが、同じ食べ物でも人によって感じる味が違うこともあります。また、1つの食材で2種類の味を感じることもあることに気づくでしょう。

（著者ら、2015年、フィンランド実習）

カードの分類活動

レモン	アンチョビ	ゴーヤ	こんぶ
チョコレート	トマト	コーヒー	豚肉

食材カード例

Let's check your answers. How does it taste? Did you know that we have a fifth taste? Think about it.

答え合わせをしよう。5つ目の味があることに気づいたかな。それはどんな味か考えてみよう。

ヒントを与えずに生徒自身に考えさせます。背景知識を使ってしっかり思考させましょう。活動を進めるうちに「甘い（sweet）」「塩辛い（salty）」「酸っぱい（sour）」「苦い（bitter）」の4つの味に当てはまらない味があることに生徒は気づきます。

Do you know what "umami" is? A Japanese scientist discovered "umami", so it is called umami in English too. *Washoku* is a UNESCO Cultural Heritage Cuisine. We have a lot of umami foods. For example … sushi, *nikujaga* and so on. Which food has a lot of " umami"? Discuss in your groups.

うま味って知ってる？うま味は日本の研究者が発見したから英語でもうま味といいます。和食はユネスコ世界無形文化遺産に登録されているんだよ。うま味を含む食べ物は寿司、肉じゃがなどたくさんありますね。どんな食べ物にうま味が含まれているか話し合ってみよう。

カテゴリー分けした後、日ごろどのような味の食べ物をよく食べているか、偏りはないか、分析結果を参考にグループで意見交換をします。またお寿司やみそ汁など、うま味成分を含む食材を使って作った和食がおいしさを生んでいるという「和食とumamiの関係」について考え、umami を含む外国の食べ物を探してみるなど（ハム、アンチョビなど）掘り下げて活動すると良いでしょう。実際、外国の料理にもumami を含むものも（野菜スープ、肉や魚の煮込みなど）多数存在します。その後、ワークシートを使って整理します。

味についての
Teacher Talk

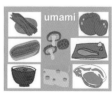

うまみ成分についての
スライド例

💬 話し合う

- **What is important for your daily life?**
  （毎日の生活で大切なことは何でしょうか？）

- **Imagine if you couldn't taste correctly.**
  （もし味をきちんと感じられなかったどうなるか想像してみましょう。）

- **Do you want to have a healthy life? How can we keep fit?**
  （健康な生活をしたいですか。どうすれば、身体を整えることができるのでしょう？）

- **Why shouldn't we eat very salty food?**
  （濃い味付けはどうして良くないのか？）

- **Why shouldn't we be picky about food?**
  （好き嫌いはどうして良くないのか？）

- **Why is _washoku_ so popular in other countries?**
  （和食が世界で人気の理由はどこにあるのでしょうか？）

　最後はまとめとして、感覚器官の大切さについて考えます。食事の時もテレビやスマートフォンに気を取られて、食べ物の味を気にかけていなかった、という生徒はたくさんいるでしょう。そこで「なぜ薄味を心がけて食べると良いのか。」「好き嫌いはなぜ良くないのか。」と問いかけ、グループで話し合います。正解、不正解という視点でなく、出てきたアイデアを共有します。

- ●塩分控えめの薄味の食事を心がける
- ●食べ物の好き嫌いをしない
- ●ゆっくり味わって食べる　etc.

　この活動を全て英語で行うのは難しいかもしれません。日本語が混在してもかまわないので活発に話をさせ、"Pay attention to the taste." など先生が英語でさりげなく語りかけるとよいでしょう。

指導案の例

所要配当時間	生徒の活動	Teacher Talk	評価の ポイント
8分	1．マジックボックスクイズ 生徒が自発的に前に出て食べ物を推測する五感を確認。生徒から I can ... with my ... を引き出す	In this box, there is a food that you like very much. Guess what kind of food is inside. Quiz No.1, You can see the food. What food is in the box?	
10分	2．味蕾細胞についてのクイズとペアでの会話	How many taste buds do you have on your tongue? Please guess. A hundred? A thousand? Discuss with your partner.	【主体的に学習に取り組む態度】 （生徒の発話）
15分	3．食べ物の分類活動	Please get into groups of 4 and categorize these foods into 4 taste groups. It's time to hear from each group. How does each food taste?	【思考力・判断力・表現力等】 （ワークシート）
5分	4．ユネスコ世界無形文化遺産の和食の「うま味」を紹介	Did you know that we have fhe fifth taste? It is called "umami".	
5分	5．ワークシートに味や食材を記入し確認	Japanese food has a lot of "umami". Guess which foods have a lot of "umami"?	
7分	6．ふりかえり 食事の際、何に気を付けるべきか話し合う	What is important for our daily meals? Discuss in your group.	

 コラム

ここでは理科の第2分野の内容である感覚器官を取り上げました。「味蕾細胞」は、中学校2年生で学習します。食育は大事なテーマですが、このCLIL授業では、それらの働きを知るだけでなく、毎日の食生活を大切にする心も育てたいと考えています。Teacher Talk では、マジックボックスや食材のピクチャーカードをうまく使い、やり取りを大切にしながら進めましょう。中学生は、知的好奇心を刺激するような話題に大きな興味を示すでしょう。給食・お弁当の時間に日本語で話の続きをすると良いかもしれません。授業中だけでなく、授業外でも考えていくべき活動であると考えます。

Let's Think about Today's Dinner Menu 「夕食のメニューを考えよう」 中2・3

Lesson 08

中学校の CLIL では，他教科と連携して内容にフォーカスした授業のほかに，4技能および文法事項の習得を軸に、教科書で扱われている題材をうまく使うやり方もあります。本 Lesson では、受け身形にフォーカスした CLIL を紹介します。

本授業では、小学校で慣れ親しんだ音声からの指導を中学校でも引き継いで、読み聞かせから CLIL 活動へと展開します。中学2年生の受け身形の単元において、絵本『サラダでげんき』の読み聞かせを行い、文章再構成活動や内容を振り返るクイズに取り組みます。その後のグループ活動では、地域のスーパーのチラシを使って材料を選び、主食・副菜などの担当を決めて、バランスの良い夕食の献立を考えます。活動を通じて受け身形の文構造への気づきを促し、チャンツや絵を使ったドリル活動で定着をはかります。

1 このレッスンで使用する文やフレーズ

使えるようにしたい表現（産出）

What do you want to eat for today's dinner?（今日夕食になにを食べたい？）

What can we make? （何が作れるかな。）

We can make tomato spaghetti. （トマトスパゲティが作れるね。）

Where was this rice grown? （このお米はどこで育てられたものかな。）

I think it was grown in Niigata. （新潟産だ［新潟で育てられた］と思うよ。）

わかるようにしたい表現（受容）

be made from / be made in / be made with / be visited / be taught

What did the elephant come here for?（象さんは何のために来たの？）

Dinner was cooked by Ritchan. （夕食はりっちゃんが作った。）

Tomato spaghetti sauce is made with tomatoes and onions.
（スパゲティのトマトソースはトマトと玉ねぎでできている。）

The carrots were cut by Ritchan. （にんじんはりっちゃんが切った。）

The tomatoes are sold at X store. （トマトはXストアで売られている。）

② 4C ＆ねらい

Content

- 読み聞かせのお話を受け身形を使って文章再構成する。
- スーパーのチラシに書かれている情報から、食材の産地について調べる。
- チラシから得た情報をもとに夕食の献立を考え、受け身形をもちいて紹介する。

Communication

- 読み聞かせの内容から、登場人物が行ったことを受け身形を使って整理する。
- グループで考えた夕食の献立を、受け身形をもちいて紹介する。
- 受け身形の文構造について、チャンツやクイズをもちいて理解する。

The tomatoes are grown in Kumamoto. （このトマトは熊本産です。）

This salad was made by Ritchan. （サラダはりっちゃんが作りました。）

Cognition

- どのような食材を組み合わせて料理を作ることができるかを考える。
- 主菜、副菜、汁物、デザートなどの組み合わせ方を工夫して献立を考える。

Culture / Community

- スーパーのチラシに書かれている情報から、食材の産地を調べる。
- グループで協力して活動する。

Cognition×Language Structure　思考×文構造

ティーチャートーク例

T	I have onions, carrots and rice. What can I make?
	（玉ねぎ、にんじん、お米があるんだけど何が作れるかな。）
S	Curry and rice. （カレーライス。）
T	Yeah, curry and rice is made with them.
	（カレーライスはそれらの材料でできているね。）
	Any other ideas? （他にもあるかな。）
S	Omelette with rice! （オムライス！）
T	That's a good idea! It is made with onions, carrots and rice.
	（いいね。確かにオムライスは玉ねぎ、にんじん、お米でできてるよね。）

食材からどんな料理ができるかな？

Lesson 8　131

③ 準備するもの

- スーパーのチラシ（食材を選ぶので、各グループに数種類配布できるように準備）
- 読み聞かせ等で絵や写真を提示するためのスライド（もしくはピクチャーカード）
- 書画カメラ（パソコンやタブレットなどのカメラ）

④ 授業の進め方

▶ 夕食のメニューを考えよう(受け身形)

1時間目

🔊	導入	数枚の絵を見て、想像しながら『サラダでげんき』の話を聞く。
💬	学び合い	聞き取った話の内容をメモし、グループで話し合う。
❓	考える	グループで10枚の絵を、話の内容に沿った順番に並べ替える。
🔍	内容理解	話の内容についてのクイズ

2時間目

🔊	復習	受け身形の文を使って内容を復習する。
🔤	創る	スーパーのチラシを使い、産地や組み合わせを工夫してグループで献立を考える。
✏️	書く	発表資料作り

3時間目

💬	発表	考えた献立について発表する。
❓	ふりかえり	発表の感想と振り返りを行う。

4時間目

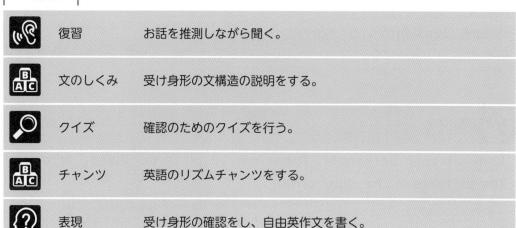		
🔊	復習	お話を推測しながら聞く。
🔤	文のしくみ	受け身形の文構造の説明をする。
🔍	クイズ	確認のためのクイズを行う。
🔤	チャンツ	英語のリズムチャンツをする。
❓	表現	受け身形の確認をし、自由英作文を書く。

授業の
進め方 ┃ **1時間目**

 導入

> Ｔ This is Ritchan. What's this? Salad.
> Now, I'm going to read a story. Please listen. You can take notes.
>
> これはりっちゃん。これは？サラダですね。これから読むストーリーをしっかり聞いてくださいね。メモを取ってもいいですよ（ジェスチャー付きで読む）。

数枚の絵を見せて、話を想像しながら聞かせます。

スライドの例

【『サラダでげんき』のあらすじ】

　りっちゃんは、病気のお母さんのためにサラダを作り始めます。すると、猫、犬たちが次々とやってきて、アドバイスをくれます。北極からは白クマの電報が、最後にはゾウが飛行機に乗って登場します。みんなのおかげで出来上がった美味しいサラダを食べたお母さんはたちまち元気になりました。

学び合い

Share ideas with your partner.
聞き取った話の内容を簡単な英語でメモを取り、グループで、内容についてメモしたことを話し合おう。

 考える

Look at your worksheet. There are 10 pictures. Please arrange the pictures in the right order.
グループでワークシートを使って、10枚の絵を、話の内容に沿った順番に並べ替えよう。

メモで確かめてみよう！

持ってきてくれたものは何でしたか?

一番はじめに出てきた動物はどれ?

これが最後の場面でしたか?

Now, please listen to the story again. Let's check your answers. (Show all pictures and read the story again.)
全ての絵を見ながら、もう一度話を聞いて答えを確かめよう。

ストーリーに登場した動物達

 内容理解

Now, it's quiz time. Look at this picture, listen to the questions and discuss with your partner.　質問を聞いて、ペアで答えを確認しよう。

　物語に登場した動物がしたことを、質問をしながら順番に整理します。その際、単語で答えられる質問からはじめて、答えは1つではなく、考えながら文で話す必要がある質問へと発展させていきましょう。

　1時間目はリスニング中心で、話の内容を楽しみながら、内容をどの程度理解できているかを確認します。

一言で答えられる質問の例
- **T** Who made this salad? （だれがサラダを作ったのかな？）
- **S1** Ritchan!

- **T** What did the cat bring to Ritchan?
  （猫はりっちゃんに何をもってきたかな？）
- **S1** Bonito flakes! （かつお節！）

考えながら文で話す必要がある質問の例
- **T** What did the horse bring to Ritchan? Bonito flakes?
  （馬はりっちゃんに何をもってきたかな？かつお節？）
- **S1** No,no! He brought carrots. （違うよ。にんじん！）
- **T** Good! How did she feel about this?
  （そうだね。りっちゃんはどんな気持ちだったのかな？）
- **S1** What do you think? （どう思う？）
- **S2** Umm ..., she felt happy? Glad? （うれしい？）
- **T** So, why did she feel happy? （なんでうれしいのかな？）

| 授業の 進め方 | **2 時間目** |

 復習

Let's review the last lesson.
1 時間目のクイズと同じスライドを示して、受け身形の文を使って内容を復習します。
受身形の導入をしつつ、生徒の発話が広がる質問を取り入れながら進めます。

- **T** The sugar was given by ...?
- **S** Ants.
- **T** Yes. Why is the sugar needed for a salad?

- **T** The kombu was sent by ...?
- **S** Bear.
- **T** How did Ritchan feel about it? Happy? Surprised?

T The salad was mixed by ...?

S Elephant.

T Yes. Is the salad perfect?

🔍 創る

Let's cook dinner. Look at these flyers and get ideas. What do you want to eat for today's dinner? You need to make a main dish, a side dish, soup, and a dessert.

スーパーのチラシに書かれている情報から、食材の産地について調べよう。主菜、副菜、汁物、デザートなどの組み合わせ方を工夫して献立を考えてみよう。

T We have tomatoes and onions. What can we make?

S We can make spaghetti!

T That's a good idea! Why do you think so?

S Because tomatoes are used for spaghetti sauce.

T Yes,"tomato spaghetti sauce" is made with tomatoes and onions.
Anyway, where was this onion grown?

S This onion was grown ... in Awajishima!

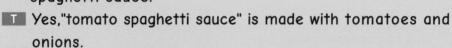

　食材の産地、献立の工夫などについて日本語で話し合い、なぜその考えに至ったのかなどを考えます。次の時間の発表のための原稿はモデル文を提示し、自分の考えや感想を追加して書きます。

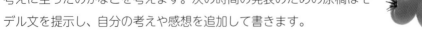

＼トマト／

119円

発表資料作り

チラシにある食材から、料理を説明する受け身形の表現を使って書きます。

be made in ~	～(場所)で作られる	**The tofu was made in Awajishima.** (豆腐は淡路島で作られる。)
be made from ~	～から作られる	**Cheese is made from milk.** (チーズは牛乳から作られる。)
be sold at ~	～で売られている	**This orange is sold at X store.** (オレンジは X ストアで売られている。)

| 授業の
進め方 | **3 時間目** |

 発表

Today we will introduce our thoughts and ideas to the class. Listen to the presentations carefully, and take notes.

皆さんの考えやアイデアを発表してもらいます。よく聞いてメモを取りましょう。

前時に考えた献立について発表します。メニューの絵を提示し、食材の産地や必要な材料を受け身形を使って伝えます。発表原稿は、その献立を選んだ理由や、食材の産地を調べて気づいた事など盛り込むことで豊かな内容となります（以下の下線部分）。

（生徒の発表例）

I'll make miso soup. <u>Because I think it's healthy</u>.

わたしはみそ汁を作ります。健康的だからです。

The soup is made with miso, tofu, and daikon. Miso is sold at X supermarket.

みそ汁はみそ、豆腐、大根でできています。みそは X スーパーで売っています。

The tofu was made in Gifu. The daikon was grown in Saga. <u>I learned that many foods come from far away</u>.

豆腐は岐阜産、大根は佐賀産です。遠いところから食べ物が来ていると知りました。

ふりかえり

So, what did you learn from the presentations?
Please talk about it in your group.

発表からどんなことが学べたかな。グループで話し合ってみよう。

発表を聞いてメモを取り、感想を述べ、振り返りを行います。

授業の
進め方 **4 時間目**

復習

Please listen to the story. Then talk about it with your partner.

お話を聞いて、パートナーと内容について話し合ってみましょう。

　「ドーナツは誰に食べられた？」のストーリーについて、ドーナツが「誰に食べられたのか」
を推理しながら話を聞きます。受け身形の表現を自然に聞きながら楽しめるようにします。その
後、話の内容についてペアで話し合います。

  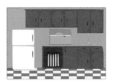 

【あらすじ】

「ぼく」はドーナツを戸棚に隠したが、なぜか消えてなくなった！犯人は誰だ？最後に「ぼく」
は犯人を見つけます。それはなんとおばあちゃんだったのです。

文のしくみ

受け身形の文構造について図を示し、日本語で簡潔に説明します（5分程度）。中学校では文法指導は欠かせませんが、「まず説明」することは避けます。生徒は、目標文法事項を盛り込んだ Techer Talk で丸ごと表現を聞き，実際の使用場面を体験しながら学びます。様々な使用事例に触れた後にルールを確認することで、文の仕組みに気づくことができます。

 ## クイズ

Look at the pictures and answer the questions.

スライドで示される絵を受け身形を使って言い、受け身形で質問される○×クイズに答えます。

中学校では、文法指導と CLIL を別のものと捉えるのではなく、豊かな内容をベースに、学ばなければならない文法を取り込んでいく工夫が必要です。

 ## 英語のリズムチャンツ

Rhythm Chants time! Let's chant together!

受け身形の表現をリズムに合わせて言ってみよう。

規則動詞と不規則動詞の違いに注意を向けられるようなスライドにします。文だけでなく、be 動詞と過去分詞でひとまとまりの表現として定着できるようにします。

パターン A

| clean | | grown | be grown |
| be cleaned | | grow in | be grown in |

The room is cleaned every day.　The tomatoes are grown in Japan.

リズムチャンツ用スライド例（音源に合わせてアニメーションを表示します）

 表現

まとめとふりかえりを行います。ストーリーや献立の発表など様々な場面から、ひとまとまりの受け身表現を学んだことで、生徒は自然に be 動詞＋過去分詞を習得しつつあります。総まとめとして、グループで受身形について確認し合い、その後 7 分間で自由英作文を書きます。

 コラム　この Lesson は、中学校の教師らが集まって、文法指導を組み合わせた楽しい CLIL を、と知恵を合わせて作り上げた教材です。教師が楽しくなければ生徒に楽しい授業はできません。生徒はとても素敵な笑顔で授業を楽しんでいました。以下は、実際に授業を実践した教師の 1 人のコメントです。

　「サラダでげんき」は、わたしが子ども時代から大好きな話で、出てくる材料を用意してサラダを作った思い出があります。動物たちのアドバイスを同じようなテンポや表現で読み聞かせできるので、記憶に残りやすいのです。活動では『カツ丼を作るために必要な材料は何？』など楽しい会話が多く聞こえてきました。チャンツでは「もう一回言いたい。」と何度も繰り返し、リズムにのって表現を復習しました。授業後も、チャンツを口ずさむ生徒たちの姿が印象に残っています。(松田 静香)

本授業では、『サラダでげんき』（角野英子，長新太．(2005)，福音館書店）を参考に、松田教諭が英語でリライトし、オリジナルイラストを描きました。

❯ 評価

　評価は中学校の授業と切り離せません。指導のプロセスを大切にし、実際の場面で使える表現を溜めて、積み重ねながら学んでいく CLIL には、記憶力を試すようなテストは向きません。文を読んで，状況を理解していたら自然とわかるような、やり取りの中での表現を答える問題や、文章の続きを自分で考えて書いていくような創造型の問題を使うことで，生徒がどの程度学んだ表現を使えるようになったかをはかる目安になります。また、語句を答えさせる選択式のテストだけではなく、グループ活動における発話や、発表も含めたパフォーマンス、自己評価や生徒同士の相互評価など、総合的にはかる必要があります。

【対話式テスト例】文脈の中で、その語句がどう使われているかを問う問題。
（1）
A Do you have chocolate?
B Yes, here you are.
A Thanks. Where can I buy the chocolate cake?
B It (is) (sold) at Star Market.

（2）
A I'm so hungry.
B Really? I have some food.
A Hey, what do you call this food? It looks delicious.
B It (is) (called) Okonomiyaki.

【即興作文の例】覚えて書くのではなく、考えながら文を書いていく問題。
次の文に続けて自分で文を作りましょう。

When I got home, the birthday party was ready.
The salad was made, ...

　即興作文の続きを評価するコツは、文法の間違いを減点方式で採点するのではなく、内容に広がりがあるか、生き生きとした言葉選びがされているかなどがあります。この他、授業でターゲットにした文法、文構造が出てくる頻度（この授業の場合は主に受け身形）、使用したストーリーから表現をうまく借りている点などをルーブリックにしてみると良いでしょう。

Drama Plot
「セロ弾きのゴーシュ(リテリング)」 中2

Lesson 09

　まとまった量のストーリーに耳を傾けることは言葉と思考を豊かにします。まず、ストーリー展開を学ぶために、宮沢賢治の童話の中でも、登場人物や話の構成を理解しやすい『セロ弾きのゴーシュ』を、教師が英語でリテリングして読み聞かせます。紙芝居風に聞かせたり、教師がチームを組んで演じて見せたりしても良いでしょう。次に、音声ディクトグロス（文章再構成法）をもちいて、グループでどんな話だったか思い出し、挿絵と場面の文章を並べ替えます。さらに、お話のイラストを紹介し、「クライマックス」となる場面を創ります。

　登場人物たちは、セロが上手く弾けないゴーシュのもとを訪れて、「音のピッチ」「リズム」「感情」などをユニークな方法で伝えます。目標構文の "bring Y for X" を繰り返し聞いたり使ったりしながら短いシナリオを書き、それをもとにクライマックスを創造して演じる授業です。これは「思考ツール」とも呼ばれ、経験した言語体験を別の場面にも転移できるきっかけとなります。

 このレッスンで使用する単語やフレーズ

> **ロールプレイの場面のフレーズ**
> **使えるようにしたい表現**（産出）
> **May I come in?** （入ってもいいですか？）
> **I bring X Y. / I bring Y for X (I brought X Y /**
> **I brought Y for X).** （わたしは X に Y を持ってくる（持ってきた）。）
> **Won't you play music with me?** （わたしと一緒に音楽を奏でませんか？）
> **音楽に関する単語やフレーズ**
> **わかるようにしたい表現**（受容）
> **violin, cello, flute, clarinet, trumpet, drum**
> **high-low / fast-slow / volume / emotion** （感情） **/ tone** （音色） **/**
> **tune** （調べ） **/ out of tune** （調子がはずれている）

② 4C＆ねらい

Content
- ●ストーリーのドラマ・プロット（話の構成）についてイラストで学ぶ。
- ●ストーリーに出てくる音楽的な要素（楽曲、音のピッチ、リズム、感情等）を感じて楽しむ。

ドラマ・プロットには様々な曲線がありますが、ここでは以下の図をもちいました。

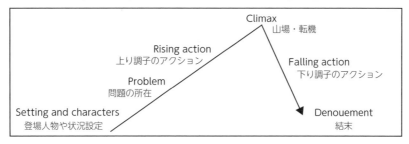

ドラマ・プロット（話の構成）

Communication
- ●ストーリーを聞き、グループで音声ディクトグロス（文章再構成法、p. 108 参照）に取り組む。
- ●ストーリーの前半を聞いて、グループでクライマックス（山場・転機）のセリフを考え、選んで即興的に演じる。

Cognition
- ●ドラマ・プロット（話の構成）のクライマックスについて、ストーリーの原因と結果の関係を理解する。
- ●ドラマ・プロットを理解し、創作活動で使ってみる（型の活用）。

Culture / Community
- ●日本の文学の良さを、英語で聞いたり演じたりして味わう。
- ●世界共通の「演劇」の言語表現の素晴らしさに触れ、自ら考え創造しようとする想像力と感性を持つ。

『セロ弾きのゴーシュ』「たぬきの登場場面」

Raccoon **May I come in?** （入っていい？）

Gorsch **OK.** （いいよ。）

Raccoon **I like playing the drums. I brought you some sheet music.**
（ぼくは小だいこが好きなんだ。君に楽譜を持ってきたよ。）

Gorsch **You are so nice. I am going to play with you.**
（君、なかなかだね、一緒に弾いてみるよ。）

> **Raccoon** You are a little bit behind. （君はちょっと遅れるね。）
> The second string is "it". （2番目の弦さ。）
> **Gorsch** You are right (with a sigh). I will practice more.
> （そのとおりだ（ため息まじり）。ちょっと練習してみるよ。）

上記のやり取りは、ゴーシュの家にやってきたたぬきがドラムを叩くのが好きで、楽譜を持ってくる場面です。ゴーシュはたぬきに励まされて一緒にチェロを弾こうとしますが、たぬきが「ちょっとだけ遅れるね。」「第2弦の音がおかしいよ。」と弦を触ってやり取りをする場面です。ここは、クライマックスの1歩手前だと言えます。

③ 準備するもの

- 英語の台本（この章末に提示）
- 大道具（チェロ、椅子）、小道具（トマト、ドラム用のスティック、ぬいぐるみ）
- 読みきかせの時に使う絵やセリフを提示するためのスライド（ディクトグロスのカードにも使う。）
- クライマックスのセリフを書いたり、挿絵を描いたりするワークシート
- BGM（1.落ち着いた曲、2.癒される曲、3.何か事件が起こりそうな曲、4.軽快な曲）

④ 授業の進め方

▶ **ドラマ・プロット**

| 1時間目 |

	導入1	演劇活動を行う。大きな声を出したり、ジェスチャーをしたりする。
	導入2	プロットを盛り込んだ、世界の有名なストーリーについて、導入やヒントを聞いて、題名を当てる。
	聞き取る	「セロ弾きのゴーシュ」を紙芝居のような挿絵を見ながら聞く。教師が演じても良い（クライマックス手前まで）。
	考える	ディクトグロスをもちいて、グループで話の内容を思い出して、挿絵を順番に並べ変え、場面のセリフをマッチングさせる。

2時間目

| | 学び合い、考える | 登場人物たちがゴーシュに何を持って来たのか考える。クライマックス、登場人物、セリフを考え、短いシナリオを書く。 |
| | 演じる | グループで即興的に演じる。演じてお互いに見合ったあとに、「セロ弾きのゴーシュ」の話を最後まで聞く。 |

授業の進め方 | 1時間目

 導入1

Warm Up: Act out a role and express yourself

演劇活動を行う。動物の擬態的な役割を演じたり、自分の心をのびやかに開放したりする活動です。声を出し、ジェスチャーをします。

活動例1：Mirror　鏡

Please march and stop when I say "stop". Make pairs and mirror each other. Copy your partner's gestures like a mirror.

　1，2，1，2と足踏みして行進します。ストップしたところでペアを組み、相手のジェスチャーを見て、その鏡になったつもりでジェスチャーを真似します（鏡に映っているので動きは反対になります）。

活動例2：One Picture One Act　1イラスト1動作

　5枚1セットになった下のようなイラストを3人グループに渡します。イラストを伏せて置き、1枚めくったイラストを見て、即興演技を3人で考えます。英語のセリフを1つは入れるよう伝えます。どのようなセリフ展開でもかまいません。

イラスト例(落書きの場面)
Scribbling is fun!

イラスト例(おいでよという場面)
Join us!

導入 2

Try to guess the title of the story by listening to the introduction and using the plot.

プロットを盛り込んだ世界のストーリーについて導入やヒントを聞いて、題名を当てます。

　宮沢賢治の作品（『銀河鉄道の夜』『注文の多い料理店』等）の場面設定を聞かせ、作品の背景に触れます。ストーリーの始まりに、登場人物や場面がセッティングされていることを学びます。日本語で行ってもかまいません。

 聞き取る

Listen to the story of "Gorsch The Cellist."

「セロ弾きのゴーシュ」を紙芝居のような挿絵を見ながら聞きます。教師がグループで演じても良いでしょう。クライマックス手前までとします。

　p.148 のようなパワーポイントの紙芝居を作成し、ゴーシュとやってくる動物たちを演じながらストーリーを聞かせます。脚本は pp.149-151 を参照してください。

イタリアの小学校での海外実習生の演劇

考える

Reconstruct the story in groups (Sound dictogloss) and create a story that has a climax.

グループで話の内容を思い出して、挿絵を順番に並べ変え、場面のセリフもマッチングをします（音声ディクトグロス）。クライマックス手前までとします。

　上の写真のように、出てくる場面の絵を順番に並べ換えます。この活動では、生徒はリスニング（何度も聞く）、スピーキング（英語表現を言い合う）、リーディング（セリフとマッチングする）、ライティング（再構成した話を書く）の4つのスキルをグループで協働して使うことができます。最後に、声に出してセリフを味わう姿が見られます。ディクトグロスの活動をしながら、生徒は「狸」の場面のように、クライマックスより前の話の展開（rising action）を意識し、話の転機を考えるために十分な素地を持ちます。ドラマ・プロットをもちいることにより、前後の因果関係からクライマックスを深く考えるため、深い学びが行われ、ストーリーの創造的思考へつながります（日本の中学1年生での授業、2018）。

授業の進め方｜**2時間目**

学び合い、考える

What did each character bring for Gorsch?

登場人物たちがそれぞれ何をゴーシュに持って来たのか考えます。また、次の場面（クライマックス）を考え、登場人物やセリフを考えるきっかけを作ります。

　ゴーシュが動物たちと出会い、自分の音楽に足りなかったことを学び成長していくストーリーなので、右図のようなスライドを使って、目標表現（bring X for Y）を使って生徒とやり取りします。「リズム」を持ってくる、という生徒もいれば、「深い感情」を持ってくる、という生徒もいます。意見を交流し、思考を深めながら主となる文構造にも出合わせます。

演じる

Think of each story's climax individually, then share ideas in groups. As a group, decide on one story and act it out in an impromptu play.

クライマックス場面を考え、グループで話し合いスキットを決めて演じます。即興の劇を互いに鑑賞したあとに、ストーリーを最後まで聞きます。

生徒の考えたクライマックス例1（フィンランドの小学6年生）

Yeah, sure. I *brought a music book*. can you play (the) piano? Wait! Yeah, just close your ears.

生徒の考えたクライマックス例2（日本の中学1年生）

OK. My son *brought you a feeling of anger*, but the feeling doesn't mean only illness. *I brought you a feeling of joy*.

（イタリック部分が目標構文）

📚 **コラム**　　宮沢賢治の「セロ弾きのゴーシュ」は、物語の展開がわかりやすく、「音楽」の要素（音の高さ、リズム、調べ）などがもちいられて、ゴーシュが最後の演奏会で観客の心を揺さぶる演奏をするまでが、簡潔に描かれています。この授業では、図のような挿絵を使い、たぬきがやってきた後の場面直前で演技を中断し、ここから自分で考えてみようと問いかけました。クライマックスが変わると、結末も変わってくるので、もっと続きを考えたいという生徒も見られました。

　CLILがめざす、「自ら考え創り出す」学習者を育てる上で、ドラマの取り組みは今後ますます重要になるでしょう。演じることで身につく口頭での言語は、その他の「読む・書く」といったリテラシーの基盤になる21世紀型スキルであり、イギリスやフィンランドでは系統立てたカリキュラムでの指導がなされています。

　英語でのドラマ経験は「自分」を見つけ、仲間との「円熟」を生み出します。ドラマをとおして得た「知識」は、感情的な経験の事実であり、CLILにおける深い思考と共に、そこで自ら探し当てた表現は、生徒の心に深く刻まれるでしょう。

9枚の場面と台詞

5 脚本

Gorsch the cellist　KENJI　MIYAZAWA
「セロ弾きのゴーシュ」宮沢賢治　（再話：柏木賀津子）

Narrator ナレーター　**Effect music** 効果音楽　**Gorsch** ゴーシュ　**Horsh** ホーシュ(三毛猫)
Cuckoo クックー(かっこう)　**Raccoon** たぬき　**Mice** ネズミの親子　**Conductor** 指揮者

Act 1	場面 1
(music: Symphony　No.6: Pastorale) *Gorsch is the cellist.* *But he is not good at playing.* *So, he often makes the conductor angry.* *The trumpeter is playing very well.* *The violinist is playing like the breeze.* *The clarinetist is harmonizing well.* *Gorsch make it sound bad.* **Conductor:** The Cello is late!! Is it you again Gorsch? (music) *Gorsch tries again.* **Conductor:** The cello!! Your music is out of rhythm! Out of tune! Without feelings!! You are a great trouble to me! You don't enjoy your music. There is no emotion. I have no time to teach you "Do. Re. Me. Fa." We have only ten days left until the concert. *Everyone goes home. Gorsch goes home crying.* *And, practices very hard until midnight* *(Tiddy, tiddy, tee, tee, tee. Tum-tiddy, tiddy-tee.)*	（音楽：交響曲第六番 田園） ゴーシュはセロ弾きです。 でも上手に弾けません。 だからいつも指揮者を怒らせています。 トランペット奏者は上手に吹いています。 バイオリン奏者はそよ風のように弾いています。 それらにクラリネット奏者が合わさります。 ゴーシュはそれを台なしにします 指揮者：セロが遅い！ 　　　　またゴーシュか？（音楽） ゴーシュはまたやってみます。 指揮者：セロ！リズムが合ってない！ 　　　　調子も合ってない！感情がないのか！ 　　　　君はいつも私を困らせるねぇ！ 　　　　君は音楽を楽しんでいないのか？ 　　　　君の音楽には気持ちが感じられない！ 　　　　ましてや、私は君にドレミファソラシド 　　　　を教えている暇はないんだ！ 　　　　音楽会まであと10日しかないぞ！ 皆が家に帰った。ゴーシュは泣きながら家に帰った。 そして真夜中まで何度も何度もセロを練習した。

Act 2 《Calico Cat's scene》	場面 2
(Knock, knock) **Gorsch:** Who is it? **Calico Cat:** I'm Horsh! May I come in? **Gorsch:** Oh, Is that you? Horsh! *Calico Cat creeps in.* **Horsh:** This is a present for you. Eat them, please. *The cat gives tomatoes to Gorsch.* **Gorsch:** What are you saying? These are mine!! Go away! **Horsh:** Maestro? Don't get so angry. Will you play Traumerei by Schumann? It is my favorite song. I cannot sleep without your cello.	（ノック、ノック） ゴーシュ：誰？ 三毛猫：ホーシュだよ。入っていい？ ゴーシュ：おー、君はホーシュだな！ 三毛猫がのそのそ入って来ました。 ホーシュ：これはあなたへのお土産ですよ。 ホーシュはトマトを差し出しました。 ゴーシュ：これは私の畑のものじゃないか！もういい。でていきたまえ。 ホーシュ：まあまあ、そう怒らないで。シューマンのトロイメライを弾いてくださいよ。私のお気に入りの曲なんだ！あなたの音楽がなかったら寝付けないんです。

Gorsch: What are you saying? What are you saying!? Ok, ok. Now I am going to play. Listen carefully. *But Gorsch doesn't play Traumerei. He plays different music in a crazy way.(Tiddy, tiddy, tee, tee, tee! Crash! Bang, bang! Meow, meow!)* Horsh: Stop! Stop! I never want to listen to your music! *Then the cat leaves.*	ゴーシュ：生意気な！何を言い出すか！！なるほど、わかったよ、弾いてみようじゃないか、よく聞いておくのだぞ。 しかし、ゴーシュはトライメライを弾かなかった。彼は別の曲を乱暴に弾き始めました。 ホーシュ：やめてください！やめてください！もうあなたの音楽、聞きに来たりしませんよ！ （去る）

Act 3 《Cuckoo's scene》	場面 3
The following night, a cuckoo comes. *(Knock, knock.)* Gorsch: Who is it? Cuckoo: It's Cuckoo. May I come in? Gorsch: OK ... Cuckoo: Won't you play "Do Re Mi Fa" with me? *(Cuckoo, cuckoo!)* *The Cuckoo sings out of tune.* *(Cuckoo, cuckoo!)* *Gorsch plays the cello much better.* *He stops playing suddenly.* Cuckoo: Oh, keep trying! Please teach me music. Gorsch: What are you saying! Go away.	次の夜カッコウがやってきた。 ノックノック ゴーシュ：誰？ カッコウ：カッコウです。入っていい？ ゴーシュ：いいよ… カッコウ：ゴーシュ君　いっしょにドレミファを弾いてください。 カッコウの歌はすこし調子はずれです。 ゴーシュがドレミファをましな音で鳴らしました。 ゴーシュは急にセロを鳴らすのをやめました。 カッコウ：続けてよ…ぼくに音楽を教えてよ。 ゴーシュ：何を生意気な。もう出て行ってくれ。

Act 4 《Raccon's scene》	場面 4
The following night, raccoon comes. *(Knock knock.)* Gorsch: Who is it? Racoon: I'm Cuckoo. May I come in? Gorsch: OK ... Raccoon: I like playing the drums. I brought you some sheet music. Won't you play "Bolero" by Maurice Ravel? This song is my favorite song. *(Raccoon plays the drum.)* Gorsch: You are so nice. I am going to play with you. Racoon: Oh Dear, Gorsch. Please ... You are a little bit behind. The second string is "it". I almost fell over there. Gorsch: You are right(with a sigh), but it's because of my cello. I will practice more. Gorsch and Raccoon keep playing all night.	また次の夜　たぬきがやってきた。 ノックノック ゴーシュ：誰？ たぬき：たぬきです。入っていい？ ゴーシュ：いいよ… たぬき：ぼくは小だいこが好きなんだ。君に楽譜を持ってきたよ。（ぽんぽん鳴らす）モーリス・ラベル作のボレロをひいてください。この曲はぼくのお気に入りなんだ。 そしてたぬきはリズムを叩き出す。 ゴーシュ：君、なかなかだね、一緒に弾いてみるよ。 たぬき：あ〜、ちょっと残念だ、ゴーシュ君、ちょっとおくれるよ。2番目の弦さ（弦をぽんぽんさわる）僕はそこでひっくりかえりそうだよ。 ゴーシュ：そのとおりだ（ため息まじり）。だけどこのセロのせいに違いない。ちょっと練習してみるよ。 ゴーシュとたぬきは夜が明けるまで弾いた。

Raccoon: I have to go! Thank you, Gorsch!	たぬき：僕いかなくちゃ。ゴーシュ君ありがとう。
Gorsch: Well, have a good day.	ゴーシュ：ああ、さようなら。

Act 5 《Mouse's Mother and her baby》	場面 5 《プロットを考え演じるところ》
The following night, a mouse and her baby come. (Knock, knock.) Gorsch: Who are you? Mouse: May I come in? Gorsch: OK... Mouse's mother: My baby is sick. Please cure my baby. Gorsch: I can not be a doctor. Mouse's mother: No, you cure many people every night. Gorsch: What are you saying? Many people get better when I play the cello? Please come in. I'm going to play for you. How do you feel? Mouse's mother: My baby is getting better. Thank you, Gorsch.	次の夜ネズミとその赤ん坊が来た。 ノックノック ゴーシュ：誰？ ネズミ：入っていい？ ゴーシュ：いいよ ネズミ母：うちの子が病気なんです。どうか治してやってください。 ゴーシュ：僕は医者じゃないんだよ ネズミ母：いえいえ、あなたは毎晩、たくさんの人の病気を治しています。 ゴーシュ：なんだって？僕がセロを弾くとみんなが元気になるんだって？ネズミの赤ちゃん、セロの中にお入り。君のために演奏するよ。どうだい？ ネズミ母：うちの子が元気になりました。ありがとう、ゴーシュ。

Act 6	場面 6
The sixth night, The music concert is held. (Symphony No.6: Pastorale) Everyone applauds the music. Conductor: Gorsch? Will you play the cello? Gorsch: Will I? (unexpectedly) Why? *Gorsch feels more and more angry. He starts playing the cello in a bad mood. When he finishes the music, everyone looks at him and applauds him again.* Gorsch: What a strange night today is? *Gorsch goes back home and reminds him that he learned the music from the Cat, Cuckoo, Raccoon and many people.* *The End*	6日目の夜、音楽会が開かれた。（交響曲第六番『田園』） そして、全ての人がその音楽に拍手喝采をむけた。 指揮者：ゴーシュ？　少しセロを弾いてみてくれ、 ゴーシュ：はい？（意外な様子で）なぜ？ ゴーシュはだんだんと怒りを感じてきた。彼は不機嫌にセロを弾き始めた。彼が音楽を弾き終えた時、みんながゴーシュを見つめ、再び喝采を浴びた。 ゴーシュ：今夜は何だか変な晩だなあ。 ゴーシュは家に帰り、三毛猫やカッコウ、たぬきや多くの人から学んだことを思いだしていた。

再話（柏木賀津子、吉浦　諒、永見友里恵、杉村京香、2018）
宮澤賢治 / 作　茂田井　武 / 画（1966）『セロ弾きのゴーシュ』 福音館書店

参考文献

Ball, P, Kelly, K. & Clegg, J.（2015）. *Putting CLIL into practice*. Oxford: Oxford University Press.

Bear, D., Invernizzi, M., Templeton, S., & Johnston, F.（2007）. *Words their way: Word study for phonics, vocabulary, and spelling instruction*. New Jersey: Prentice Hall.

Bentley, K.（2010）. *The TKT course CLIL module*. Cambridge, UK: Cambridge University Press.

Coyle, D., Hood, P., &Marsh, D.（2010）. *CLIL: Content and language integrated learning*. Cambridge University Press.

Dalton-Puffer, C.（2007）. *Discourse in content and language integrated learning（CLIL）classrooms*. Amsterdam, the Netherlands: John Benjamins.

Dalton-Puffer, C.（2016）. Cognitive discourse function: Specifying an integrative interdisciplinary construct. In T. Nikula, E. Dafouz, P. Moore & U. Smit,（Eds.）, *Conceptualizing integration in CLIL and multilingual education* 29–54. Bristol: Multilingual Matters. Conceptualizing

Dalton-Puffer, C., Nikula, T., & Smit, U.（2010）. *Language use and language learning in CLIL classrooms*. Amsterdam: John Benjamins Publishing Company.

Ellis, N. C. & Larsen-Freeman, D.（2009）. Constructing a second language: Analyses and computational simulations of the emergence of linguistic constructions from usage. *Language Learning*, 59, 90–125.

Ikeda, M.（2018）. Assessment and feedback for CLIL learners. Paper presented at Workshop & Lecture at Sophia University, Osaka.

Ito, Y.（2015）. The Effectiveness of a Letter Exchange Program between the US and Japan, 『中部地区英語教育学会紀要』, 44, 49–156.

Ito, Y.（2018）. CLIL in practice in Japanese elementary classrooms: An analysis of the effectiveness of a CLIL lesson in Japanese traditional crafts, English Language Teaching, 11（9）. 59–67.

Kashiwagi, K.（2019）. Early adolescent learners' noticing of language structure through the accumulation of formulaic sequences: Focusing on increasing the procedural knowledge of verb phrases, 1-403. Ph. D. thesis, Kyoto University

Kashiwagi, K., & Kobayashi, Y.（2019）. Science in CLIL in a Japanese upper secondary school: Focusing on increasing procedural knowledge with a usage-based model perspective. *Journal of the Japan CLIL Pedagogy Association（JJCLIL）*, 1, 19–41.

Kashiwagi, K., Lee, S., & Ito, Y.（2018）. The effectiveness of formulaic sequences on acquisition of the English passive voice: Using dictogloss tasks in form-focused instruction. *Proceedings of 18th Hawaii International Conference on Education*, 167–197.

Kashiwagi, K., & Tomecsek, J.（2015）. How CLIL classes exert a positive influence on teaching style in student centered language learning through overseas teacher training in Sweden and Finland. *Procedia, 173*, 79–84.

Kashiwagi, K., Yoshiura, R., Nagami, Y., & Sugimura, K.（2018）. How the use of drama in CLIL lessons in EFL classrooms affects oracy: A comparison of Finnish, Italian and Japanese pupils. International Conference on Quality of Bilinguals Programs in Higher Education, Paper presented at University of Huelva, Spain.

Lin, A.（2016）. *Language across the curriculum and CLIL in English as an additional language（EAL）contexts: Theory and practice*. Singapore: Springer.

Myles, F.（2004）. From data to theory: The over-representation of linguistic knowledge in SLA. *Transactions of the Philological Society, 102*, 139–168.

Shishido, T., Kashiwagi, K., Matsuo, S., & Kida, T.（2016）. A reflective practice of improving teacher students' abilities in conducting PE in CLIL through an overseas teaching project. *Proceedings of Hong Kong International Conference on Education, Psychology and Society（HKICEPS）*, 529–540.

Tomasello, M.（2003）. *Constructing a language: A usage-based theory of language acquisition*. Cambridge, MA: Harvard University Press.

Wajnrub, R.（1990）. *Grammar Dictation*. UK: Oxford University Press.

Williams, R. L.（1996）. *The world in a super market*. Creative Teaching Press.

Wernham, S.（2011）. *Jolly phonics teacher's book*. UK: Jolly Learning Ltd.

Yamano,Y.（2013）. Utilizing the CLIL approach in Japanese primary school: A comparative of CLIL and EFL Lessons. *Asian EFL Journal, 15*, 4, 160–183.

Yamaoka, T.（2005）. From item-learning to category-learning: A learning process of procedural knowledge of language. *Annual Review of English Language Education in Japan, 16*, 21–30.

池田真（2018）.「CLIL で育つ学力：言語知識から汎用能力まで」日本 CLIL 教育学会西日本研究大会　口頭発表資料

笹島茂（編）（2011）.『CLIL 新しい発想の授業：理科や歴史を外国語で』東京：三修社

中田葉月（2016）.『文字指導を取り入れた CLIL（内容言語統合型学習）授業における意味理解と思考』大阪教育大学実践学校教育専攻修士論文, 1–67.

長沼君主（2013）.「CLIL における評価と５つの提言」『英語教育』大修館書店, 62, NO.3, 28–29.

二五義博（2016）.『８つの知能を生かした教科横断的な英語指導法』東京：渓水社

ハイルマン・松香洋子監訳（1981）.『フォニックス指導の実際』東京：玉川大学出版部

村上加代子（2015）.「英語の学習初期における読み書き指導の在り方の検討」『神戸山手短期大学紀要』58, 57–73. 文部科学省（2017）*We Can! 1&2* 東京：文部科学省

文部科学省（2017）. 新学習指導要領解説 https://www.mext.go.jp/a_menu/shotou/new-cs/1387014.htm より取得（2018 年 12 月）

文部科学省（2018）. *We Can! 1&2* 東京：文部科学省

伊藤由紀子（2018）.「感覚器官とうま味の CLIL（内容言語統合型学習）を通して得られる小・中学生の異文化に対する学びについての考察」『大阪教育大学初等教育講座実践 学校教育研究』20, 9–18.

柏木賀津子（2015）.『音声から文字へのゆるやかな５ステップス』寝屋川市英語特別推進地域 2015 年公開研究会配布資料, 1–65.

柏木賀津子（2019）.「小学校教育のよさを活かす『読み』『書き』の指導—逆向き設計で伸ばす，高学年児童への文字指導」『開隆堂小学校５・６年英語教科書内容解説資料開隆堂解説資料』 2–9.

柏木賀津子・中田葉月（2018）.「音韻認識からはじめる「読むこと」へのゆるやかな５ステップス」JACET 関西紀要 20, 136–155

授業協力者

Alessia Miolo　（イタリア、ロマーノ・ブルーニ私立小学校教諭）

Christiane Dalton-Puffer　（オーストリア、ウィーン大学教授）

Gun Jakkobson　（フィンランド、オーボ・アカデミー大学附属実習校前校長）

Kristtina Skinnar　（フィンランド、コルテポッハ小学校教諭ユバスキュラ大学講師）

Silvana Rampone　（イタリア、CLIL ピネロロ市立小学校教諭前イタリア文部科学省教員養成
　　　　　　　　　　　　トレーナー）

Tarja Nikula　（フィンランド、ユバスキュラ大学 Center for Applied Linguistics 研究所教授）

宍戸隆之　（大阪教育大学准教授）

種村雅子　（大阪教育大学教授）

松井　祐　（大阪教育大学准教授）

中田葉月　（大阪府寝屋川市立第五小学校教諭）

田中篤史　（大阪府島本町立第一小学校教諭）

馬淵祥子　（大阪府島本町立第一小学校教諭）

岩本哲也　（大阪府和泉市立いぶき野小学校教諭）

松田静香　（大阪市立木津中学校教諭）

小野原真理　（大阪市立美津島中学校教諭）

宮沢浩介　（大阪教育大学英語研究室修了生）

谷野圭亮　（大阪府立大学工業高等専門学校専任講師）

James Devine　（甲南高等学校・中学校英語講師）

大阪教育大学海外教育実習等　2012 年-2017 年 教材協力者
三隅由佳／島川伸一／松尾咲子／木田哲生／三宅　華／川畑　愛／水口翔太郎／
宮本尚輝／西済美歩／橋本拓海／吉浦　諒／永見友里恵／杉村京香

柏木賀津子 (かしわぎ　かづこ)
大阪教育大学教授

　京都大学博士。教員経験19年、奈良市教育委員会指導主事2年等を経て現職。第二言語習得理論（SLA）、小中連携の英語教育を専門としている。

　海外の教育機関を経験し、スペイン在住時に日本とヨーロッパの英語教育の違いを目の当たりにしSLA実証研究を始める。動詞研究から見た文構造の指導、CLILの思考と言語、21世紀型スキル、フィンランドの教育について研究している。小学校英語教育学会常任理事、中部地区英語教育学会理事、日本CLIL教育学会理事（西日本支部長）
ホームページ：https://www.kashiwagi-lab.com/

主な著書：柏木賀津子 (2018).「第3章　英語教育と文理解」pp.60-82『英語教育と言語研究―朝倉日英対照言語学シリーズ―発展編4』西原哲雄編　東京：朝倉書店

伊藤由紀子 (いとう　ゆきこ)
大阪成蹊大学准教授

　大阪教育大学修士。大阪市立中学校教諭、大阪市教育センター所員を経て現職。専門は英語教育法、異文化理解、小中連携、CLIL。

　米・カリフォルニアのハイスクール留学・卒業の経験から米国との縁が深く、カンザスの学校との「英文手紙交換プロジェクト」を通して異文化理解教育に取り組む。音声を重視した英語での文法指導、DI（生徒の多様性に応じた指導）の研究等に携わり、現在は主に日本の伝統工芸・文化をテーマとしたCLIL、ESDの実践研究に取り組んでいる。

主な論文：Ito, Y. (2018). CLIL in Practice in Japanese Elementary Classrooms: An Analysis of the Effectiveness of a CLIL Lesson in Japanese Traditional Crafts, *English Language Teaching, 11*(9), 59-67

しょう ちゅうがっこう と く　　　　　　　　　　　クリル じゅぎょう
小・中学校で取り組む はじめての CLIL 授業づくり

© Kashiwagi Kazuko & Ito Yukiko, 2020　　　　　　　　NDC375 ／ iv, 155p ／ 26cm

初版第 1 刷―――2020 年 7 月 10 日

かしわぎ か づ こ　　いとうゆ き こ
著　者―――柏木賀津子・伊藤由紀子

発行者―――鈴木一行

発行所―――株式会社 大修館書店

　　　　　〒 113-8541　東京都文京区湯島 2-1-1
　　　　　電話 03-3868-2651（販売部）03-3868-2294（編集部）
　　　　　振替 00190-7-40504
　　　　　［出版情報］https://www.taishukan.co.jp

装丁者―――CCK

印刷所―――広研印刷

製本所―――牧製本